U0631631

足球科学训练与教学实践

王 巍◎著

中国出版集团 现代出版社

图书在版编目（CIP）数据

足球科学训练与教学实践/王巍著．—北京：现代出版社，2023.12

ISBN 978 - 7 - 5231 - 0660 - 0

Ⅰ.①足…　Ⅱ.①王…　Ⅲ.①足球运动－运动训练－教学研究　Ⅳ.①G843.2

中国国家版本馆 CIP 数据核字（2023）第 233164 号

著　者：王　巍
责任编辑：袁　涛

出 版 人：乔先彪
出版发行：现代出版社
地　　址：北京市安定门外安华里 504 号
邮　　编：100011
电　　话：010—64267325
传　　真：010—64245264（兼传真）
网　　址：www.1980xd.com
印　　刷：北京建宏印刷有限公司
开　　本：880mm×1230mm　1/32
印　　张：4.875
字　　数：131 千字
版　　次：2023 年 12 月第 1 版　　2023 年 12 月第 1 次印刷
书　　号：ISBN 978 - 7 - 5231 - 0660 - 0
定　　价：58.00 元

目　录

前　言

　　综观世界上的各项竞技体育运动，足球运动可以算其中影响力最大、关注度最高、各项赛事举办最频繁的体育运动，是最普及的运动项目，具有"世界第一运动"之称。足球运动集意志、智慧、勇敢于一身，融技术、战术、身体素质及心理品质为一体，以其深邃的文化内涵、精彩激烈的对抗和赏心悦目的技艺深受人们的喜爱。

　　足球运动在我国有着浓厚的群众基础，足球文化已成为人们生活的一部分。足球教学也是体育教育的重要组成部分，其运动量适宜，对技术、技能水平有一定的要求，同时又兼具娱乐性和竞技性，因而非常适合学生身体素质的发展及心理健康的培育，学生们也非常喜爱这项运动。教师在开展足球运动教学时，应将运动训练与技能教学放在同等重要的位置，以便通过开展足球运动教学训练来培养学生"健康第一"的体育意识，帮助其树立"终身体育"的观念，发展其身心健康水平，培养其全面素质。鉴于此，作者著写此书。

　　本书是一本专门研究足球的科学训练及其教学实践的理论著作，内容共分为三个部分。

　　第一部分首先阐述了足球运动的起源与发展、足球运动基本知识及足球运动竞赛规则与组织工作，并阐述了足球运动训练的相关理念，然后从足球教学与训练入手，总结了足球教学与训练的内容、渐进式模式和年龄阶段的特点。

第二部分分析了足球运动体能训练技巧、足球运动技术训练技巧教学实践、足球运动战术训练技巧教学实践，以及足球运动心智训练技巧。

第三部分阐述了足球运动与身体健康、心理健康、社会适应能力的关系及其影响，拓展了足球理论知识的覆盖面，同时介绍了训练时期的营养恢复。

与已有的同类研究成果相比，本书主要具有以下特色。首先是全面性，围绕足球的训练与教学展开了深入的分析与探讨。内容广博，信息量丰富，以期给读者更全面、更综合的知识。其次是实用性，本书阐述了足球运动的一些基础知识，能够使读者对足球运动有更深入、更全面的认识，同时本书也结合实践，阐述了足球运动的一些训练技巧与教学方法，这些都能够应用于实践中并指导实践，因而具有一定的实用性。

总体来看，本书既注重教育特色，理论以应用为目的，以必需、够用为度，尽量减少枯燥、实用性不强的理论灌输，又突出实践操作，力求从实际应用的需要出发，将"教、学、做"有机地融为一体，强化对足球的科学训练，使全书更具实用性和前瞻性，可作为足球相关专业人士的参考用书。

期待本书能为广大足球教练员与有兴趣的人士提供一些参考与帮助。由于作者能力有限，本书可能还存在许多不足之处，希望广大读者批评指正。最后，诚挚地感谢在本书的写作过程中给予作者帮助的广大朋友。

作者
2023 年 8 月

第一章　足球运动科学训练

随着科学技术的发展，现代足球训练的理论也在不断发展，这对足球运动水平提高具有重要的意义。足球运动水平的提高依赖于科学的运动训练，因此本章对足球运动训练的发展进行论述。

第一节　足球运动训练概述

一、运动训练的含义与特点

（一）运动训练学的含义

运动员在赛场表现出来的高水平竞技能力以及优异运动成绩的取得，不是先天就具有的，而是在运动训练过程中经过长年累月的艰苦拼搏得来的。

那么什么是运动训练呢？不同的专家、学者对此各有说法，站在不同的角度去阐述都有其合理性。

运动训练有狭义和广义之分。狭义的运动训练是指"最大限度地挖掘和提高人的体力和智力，以获得更好的运动成绩的一种有组织的教育过程"；广义的运动训练是指"运动员为创造或保持专项运动最高成绩所准备的全过程"。

目前，运动训练在国内被普遍接受的定义是：为了提高运动员的竞技能力和运动成绩，在教练员的指导下，专门组织的有目的、有计划的体育活动。

可见，教练员和运动员是运动训练的主体。由于教练员是运动训练计划的制定者及运动训练活动的组织者与指导者，说明教练员在运动训练活动中起主导作用。

随着运动训练实践的发展，人们对运动训练内涵与外延认识的深化，越来越多的人认识到，现代的运动训练已经不是原来理解的仅仅局限于运动场上所进行的那种运动训练。现代运动训练，除了运动场上进行的训练以外，还应涵盖运动员选材、运动竞赛以及竞技体育的宏观规划与管理等。这四个方面各自独立而又相互紧密联系，并组成了竞技体育活动的完整体系。当代运动训练理论的研究可以分为两大流派：一派以俄罗斯、德国和我国为代表，学者们注重理论研究的严谨与理论体系的完整，偏重宏观层面的研究；另一派以美国为代表，学者们把注意力更多地投向单学科研究的深入以及具体运动项目训练方法的实用性，偏重微观层面的研究。

根据实际情况，我们将运动训练界定为：为了提高运动员的竞技能力和运动成绩，以教练员为主、以相关人员配合为辅，专门组织的有目的、有计划的运动训练实践活动和日常班队管理活动。

（二）运动训练的特点

运动训练是为提高专项运动成绩而组织的一种教育过程。要完成运动训练的目的任务，就必须了解其特点，否则就得不到理想的训练效果。

1. 运动员从事运动项目的专门化

由于近年来各项运动技术水平的飞速提高，运动成绩达到很高的程度，所以一个运动员要想在几个性质不同的项目上同时达到世界水平是不可能的，即便是从事性质接近的项目，也有主次之别。因此，运动员从事的运动项目必须具有专门化的性质。

2. 运动训练的内容、手段和采用方法的专门化

运动训练的内容、手段、方法要根据专项的特点，有针对性、有目的地选择为提高专项成绩服务的、能提高一般运动素质和专项素质的练习，以及专项本身的练习。在训练方法上也要结合专项特点，具有针对性。

3. 要承担较大的运动负荷

现代运动训练的负荷量和负荷强度是很大的，科学研究和实践证明，运动员的机体如果不能适应大负荷的训练，就不可能创造高水平的运动成绩。科学合理地安排大负荷的训练，能使运动员机体产生超量恢复，提高训练水平，创造优异成绩。因此，教练员要全面发展运动员的身体，对他们进行全面管理，保证他们的学习、生活、营养、作息制度等能够符合在运动训练中承担大运动负荷的要求。

4. 训练安排要因人而异，区别对待

运动成绩取决于很多因素，如运动素质、技术、意志、运动负荷等，即使比赛中运动成绩相等的运动员，某些因素也存在着一定的差异。因此，在运动训练中教练员对运动员的个人特点、长处和短处等应深入了解，只有这样，才能更好地挖掘运动员的个人潜力，使之扬长避短，促使运动成绩不断提高。集体项目中运动员的位置角色不同，更需要区别对待。

5. 长期性与阶段性紧密结合

运动成绩的取得是运动员在身体形态、身体机能、运动素质、专项技术、意志品质和心理因素等方面变化的长期积累的结果，故要有严格的、系统的长期训练。此外，还必须根据机体发育的阶段性特点，以及不同时期不同的任务要求，把训练分成若干阶段来安排，使训练的长期性与阶段性紧密结合起来。

6. 运动训练的成绩要在比赛中表现出来

通过运动训练提高了的运动成绩只有在正式比赛中表现出来，才能为人们所公认。因此，训练和比赛是密切地联系在一起的两个方面。根据这个特点，就要在科学安排训练的过程中，加强运动员比赛能力的培养，以保证他们在比赛中取得应有的成绩。

二、运动训练的任务

运动训练的目的是提高个人或集体的专项运动成绩。

(一) 具体任务

(1) 不断增强运动员的体质,提高身体的机能,提高运动素质。

(2) 掌握并提高专项运动的技术和战术,使之达到自动化程度,并能在比赛中发挥出来。

(3) 学习并掌握组织指导专项训练工作的知识和技能,培养运动员独立进行训练的能力。

(4) 进行思想政治教育,培养高尚的道德品质、优良的体育作风和坚强的意志品质。

上述四项任务是紧密联系、相互促进的,要在运动训练过程中,通过身体训练、技术训练、战术训练、心理训练、智力训练、恢复训练和思想政治教育,加以全面贯彻。

(二) 必要措施

1. 发挥教练员的主导作用和运动员的积极性

对训练计划的制订、贯彻执行,训练的指导以及训练任务的完成,教练员负有直接的责任。因此要重视教练员在训练过程中的主导作用。充分发挥预先控制、现场控制、反馈控制在运动训练中的作用,使整个训练过程既要发挥运动员的自主性,又要使过程具有流畅性,真正保证训练计划的顺利完成。要真正做到教练员对训练全面负责,既要抓身体、技术、战术等方面的训练,又要管运动员的思想政治教育和作风的培养,把教育和训练有机地结合起来。此外,还要充分调动运动员对训练的积极性,加强责任感,发挥主动性,圆满完成训练任务。

2. 训练中要贯彻"从难、从严、从实战出发"的精神

训练中要贯彻"从难、从严、从实距出发"的精神。贯彻这种精神是我国在多年训练实践中总结出来的一条重要经验。从难，主要指在掌握技术、战术上要从难要求，要熟练掌握高难的技、战术。从严，主要指对训练的各个方面都要严格要求，首先对运动员的政治思想教育要严，注意优良作风的培养和坚强意志品德的锻炼；其次，执行计划要严，对计划中提出的练习数量、强度、密度、时间等都要严格执行；最后，掌握技术规格要严，没有精湛的技术，提高运动成绩就没有基础。从实战出发，主要指训练应结合比赛的实际，根据比赛环境、比赛的对手、比赛的目标等实际情况，制订训练计划，安排训练措施。总之，从难、从严、从实战出发三者是相互联系的，不能顾此失彼。

3. 加强运动训练的科学研究

要提高训练的科学水平，必须对训练的理论和实践进行深入的研究，探索其规律，而且要提出科学依据。例如，训练的负荷问题、恢复问题、不同年龄阶段的训练特点问题、各运动项目的选材问题、训练的控制问题等。此外，对训练的方法、手段也需要通过科学研究进行创新改革。

4. 要有物质保证

物质保证是实现训练目的任务的基础。随着科学技术的发展，训练的场地、器材、服装等逐步趋于现代化。现代国际体育竞赛不仅仅是运动员的比赛，而且是整个国家的综合实力的竞争。在现代运动训练中，没有一定的现代化场地、器材，很难适应运动技术的发展和国际之间的比赛。因此，在经济条件许可的情况下，场地、器材等问题应逐步得到解决。

第二节 足球运动训练的科学基础

一、运动训练生理基础

运动训练的生物学基础是揭示运动员解剖、生理机能和运动能力变化规律的基本理论，它是开发运动员体能和技能的重要的理论依据。

（一）运动训练与生命

从生命的活动分析，高水平的运动训练是以人的"类生命"进一步开发"种生命"的特定活动。在此意义上讲，运动训练也是以关爱运动员的生命为前提的教育过程。当前，关注青少年的"生命教育"已是社会的热门话题。有的学者认为狭义的教育只关注如何传授知识，广义的教育关注着人的心灵。传授知识的教育只是小教育，关爱生命的教育才是大教育。与此相应，运动训练也应该是关爱运动员的生命教育，这是对人性的尊重。

过去，运动训练偏重于开发人的"种生命"，忽略结合文化教育开发其"类生命"，以致使运动员"种生命"的潜力未能彻底地开发出来。人的"种生命"资源从胎生之日起就由遗传基因所限定了。然而，人能否将其"种生命"的潜力全部开发出来，并不完全取决于开发"种生命"的自身，还在于同步通过文化教育积极开发"资源域"颇有潜力的"类生命"。此外，人的"类生命"的能量，在竞技中主要是通过"种生命"和"类生命"共同表现出来的。所以在运动训练中，必须重视同步研究开发人的"种生命"和"类生命"，才能最大限度地挖掘人生命应有的竞技潜能。

生物进化表明，在"物竞天择，适者生存"的历程中，神经系统，即脑组织发育充分的动物（包括人）得到了生存和繁衍，而那些躯体庞大、脑组织不发达的动物却不然。这说明，人类依靠心理和文化的积累，从而拓展其"类生命"，进而提高了自身的进化能力和生存能力。实践证明，人的"类生命"能否把"种生命"的潜能全部开发出来，主要取决于个体文化的差异。例如，运动素质相同的运动员，文化素质越高，"类生命"就越完善，就有可能通过"类生命"充分挖掘"种生命"的潜能，反之则不然。

（二）运动训练与耗散结构

1. 耗散结构的定义

耗散结构的理论是 20 世纪诺贝尔化学奖获得者——比利时的普里高津提出来的。他认为耗散结构是在远离稳态的条件下，能够稳定存在的、开放的、有序的系统结构。在这个系统中，熵的变化起决定作用。在一个系统中，熵越高，其有序程度越低，甚至达到消亡的状态；反之，熵越小，系统的有序程度越高。人体是一个高级而复杂的耗散结构，只有与外界环境不断地进行物质、能量和信息的交换，才能减少熵值，保持其有序状态；反之，就会导致机体无序，甚至受到破坏。

2. 运动训练与人体高级耗散结构

传统的运动训练偏重于探索人体与环境进行物质和能量的交换，却忽视人是一个能够进行物质、能量和信息交换的、开放的、高级而复杂的耗散结构。实践证明，人体这个高级的耗散结构，如果仅有物质和能量的交换，缺少信息的交换，是难以维持稳定和可持续发展的，因为在运动训练过程中，良好的信息交换可以缓解各种矛盾，调节运动员的心情，改善其体内的代谢水平，以此加快物质和能量的补偿，从而提高他们的竞技能力。

作为一个教练员，在运动训练中面对人体这个开放、复杂、高级的耗散结构，不但要重视运动员机体的生物性的熵变化，而且更要重视其心理的熵变化，以及社会因素的干扰。也就是说，教练员在培养运动员的过程中，既要研究开发运动员的"种生命"，又要结合运动，用文化开发他们的"类生命"。只有这样才能使运动员不断地完成"第二次生成"，从而提高其生命能量的储备。当代学术界已认识到，人的进化绝非单纯的生物进化或社会进化，还在社会发展的基础上，通过人的社会属性的改变，来使人的生物属性进化的特别方式延续下去。这也进一步证实，是人类的文化的进化，促进了人的生物进化。因此，现代运动生物学科的发展，只有重视与心理学和社会学的有机结合，才能为促进运动员的全面提高提供科学的依据。

（三）运动训练适应理论

1. 适应定义

适应是人体内外环境，不断从"失稳态"向"稳态"转化的过程，也是个体运动能力不断提高的过程。常态下，人体各器官系统的活动是相互制约、相互协调的一种相对的"稳态"，这是生命存在和机能活动的必要条件。然而，在外界环境变化时，机体内环境出现"失稳态"，体内各种功能被迫调整，以维持内外环境的稳定，即"稳态"，这就是一般的适应过程。过去，人们认为适应是机体内外环境从"不平衡"到"平衡"的过程，这是不妥的。美国生理学家沃尔特·坎农认为，"平衡只是封闭系统机械力学和化学运动中诸力相等，温度均匀，它并不涉及调节机制；而'稳态'却是指具有开放性生命系统中协调一致的形态，一种可变而又保持相对固定的运动状态。它涉及机体自我调节、自我保护的机制"。因此，运动训练的适应是人体内外环境从"失稳态"到"稳态"的交替过程，并不是从"不失衡"到"平衡"的过程。

2. 适应机制

运动训练的适应是合理的训练负荷作用于运动员机体后，使其内环境由"失稳态"转向相对"稳态"的过程。具体地说，在运动训练中，心理负荷和生理负荷的增大，使运动员机体内环境出现

"失稳态"（产生了适应的"诱因"），如果主动采取合理的调整措施，使机体内环境达到新的高水平的"稳态"过程就是运动训练适应。训练适应包括三个阶段：对刺激直接反应及代偿性反应；对刺激的部分适应或全部适应；刺激后的恢复过程。可见，训练适应取决于负荷刺激的合理性和恢复的有效性。它的生理学本质是，一方面提高或降低神经系统以及其他组织器官对刺激的感应阈，另一方面增强机体的代偿机能。其过程是神经—体液调节机能改善的结果。例如，一次大负荷训练后，运动员产生了疲劳，通过调整后，训练反映良好，并通过几次比赛都能稳定地出成绩，这就是新的"适应"。

二、运动训练教育基础

（一）全面教育与创新教育

1. 全面性的教育思想

全面性的教育思想主要根据竞技运动是人类一项社会活动的性质而提出。当然，竞技运动所具有的身体的运动性、对抗的激烈性、运动的极限性、技艺的难美性、竞争的博弈性等基本特征，也要求教练员和运动员必须具有全面性思维，由于从事竞技运动活动的主体主要是教练员和运动员，因此，针对教练员和运动员的全面性素质教育十分重要。当前，许多优秀运动员和运动队比赛中所表现出来的素质水平值得称赞，但是，某些项目或部分运动队（员）在平时训练和比赛中暴露出来的过低的文化基础、过窄的职业教育和过强的功利主义现象可以说是触目惊心，某些现象甚至已经越过道德底线，触及法律红线，给专项运动发展带来负面影响。显然，积极强化全面性素质教育意义重大。

2. 创造性的教育思想

创造性的教育思想主要根据竞技运动是人类的一项竞争活动的

方式而提出的。当然，运动训练所具有的运动训练任务与内容的专门性、运动训练方法与手段的多样性、运动训练结构与过程的系统性、运动训练适应与过程的长期性、有机体承担运动负荷的极限性、运动训练实施与监评的定量性、运动训练器材与仪器的科学性、运动训练环境与氛围的适宜性八种特点，也要求教练员和运动员必须具有创造性思维。唯有如此，竞技运动才能跨越式地发展。实践证明，竞技运动各种优异运动成绩的取得和各项世界运动纪录的不断更新，实质上就是运动训练不断创新的结果。任何一位优秀运动员的成长经历和一支优秀运动队的发展历程，实际上就是竞技运动的运动训练过程不断创新的历程。

竞技运动的运动训练过程中，教练员和运动员的创新意识、创新精神和创新能力至关重要。创新是竞技运动发展的灵魂。竞技运动优势项目的保持、基础项目的发展、落后项目的奋进，无不需要以创新精神作为支柱，无不需要以创新能力作为基础。竞技运动和运动训练的创新内容主要体现在思维创新、理论创新、方法创新、技术创新和能力创新五个方面。其中，思维创新是指以新颖独创的不按常规思维的，甚至超常规或反常规的视角思考问题，提出与众不同的解决方案，从而产生新颖的有社会意义的思维成果；理论创新是对原有理论体系或框架的新突破，对原有理论和方法的新发展，对理论禁区和未知领域的新探索。只有思维创新和理论创新相协调，才能做到方法、技术和能力方面的创新。

（二）职业教育与终身教育

1. 职业性的教育思想

职业性的教育思想主要根据竞技运动是人类一项身体行为的职业而提出的。竞技运动通常分为学校体育竞技运动、社会体育竞技运动和竞技体育竞技运动三个层次。显然，这里所说的身体行为的职业是竞技体育领域内高水平的竞技运动，又称职业性竞技运动。

这类运动已经发展成为具有欣赏价值、商品价值和经济价值的竞技项目，如美国职业篮球联赛（National Basketball Association, NBA）等。目前，职业性竞技运动项目已经成为一种运动员谋生的职业，国际上已有不少单项运动的联合会下属专门的组织机构从事职业竞技运动管理，如世界拳击协会（The World Boxing Association, WBA）等。显然，职业性教育对于竞技运动的职业运动员来说是十分重要的工作，也是我国竞技运动项目走向职业化道路的关键一环。

职业性的教育思想具有丰富的内容或内涵。一般来说，职业性与专业性紧密相关。专业性是职业性的基础，职业性是专业性的纵深。竞技运动的专业性特点，不仅表现在竞技运动活动方面具有卓越的体能、高超的技能和聪慧的心智要素，而且表现在竞技运动理论方面具有相关的知识、系统的理论和多样的应用能力。竞技运动的职业性特点，不仅表现在竞赛过程拼搏向上的意志品质、流畅多变的攻防变化和高难动作的技艺表演等方面，而且表现在赛场上及公众场合的言谈举止、参赛服饰的艺术搭配和与观众的互动效果等方面。职业竞技运动奉献的产品既是人类运动的文明记录，也是人类艺术的文明形态，更是人类传承的文明精神。因此，必须高度重视竞技运动的职业教育思想。

2. 终身性的教育思想

终身性的教育思想主要根据竞技运动是人类一项造福终身的活动而提出。竞技运动并不全是学校体育、社会体育、竞技体育三者共有的唯一发展手段，但确实是需要共同依靠的发展工具。三种体育范畴内的同一竞技运动项目如有不同，那也是竞技运动发展所依赖的平台、水平和目的不同而已，我国学校体育的竞技运动是以促进学生身体发育、掌握运动基本技能、活跃校园体育氛围等为首任；我国社会体育的竞技运动是以促进人际交往、增强机能体质、活跃社会文化生活等为目标；我国竞技体育的竞技运动则以不断深入挖掘自身生理和心理的潜力，并在高水平竞赛中创造优异成绩为目的。可见，竞技运动具有显著的层次性特征，因此也就客观地决定了终身体育教育思想的土壤。

终身性的教育思想与人的终身运动理念有关。现代人类的运动形态尽管花样繁多，但是，实际上是由日常性、行业性、健身性、表达性和竞技性五种活动类型组成。其中，鉴于运动素质的时空维度、运动技术的技艺难度、运动战术的娴熟程度、运动心理的表现强度等因素的比较，毋庸置疑，竞技运动应该属于人类活动复杂程度的最高层次。由此可见，学习并掌握竞技运动某一项目的运动技能，对于提高终身运动的质量和终身生活的质量有百益而无一害。终身性的教育思想还在于提高科学从事竞技运动的保护意识。由于从事竞技运动需要不断挖掘自身的身心潜力和承担相对较大的负荷强度，这就难免造成机体器官或功能部分损伤。因此，终身教育思想有助于强化机体防护意识。

终身性的教育思想是联合国教科文组织自成立以来多次倡导的重要教育理念，许多国家为此构建了终身教育体制。伴随我国竞技运动的发展，我国各级体育部门出台了多种强制性的培训计划。例如，我国教练员的晋升都必须具有任职期间的岗位培训证书作为职称申报的资格条件，甚至承担我国竞技运动后备人才培养的业余体校教练或传统体育学校的体育教师也必须四年一次地接受轮训。许多欧美体育强国更是构建了自己独特的终身教育制度。美国许多教练员都具有本科以上学位和教练员资质双重身份。除此之外，教练员职业的细化使得终身教育领域不断扩大，例如"运动师""体能教练""心理咨询师"等资质的设置和等级考试制度，就是终身教育体制下的新型职业岗位。

第三节 现代足球训练的理念、方法及评价体系

一、现代足球训练的理念

（一）现代足球发展规划的实施理念与实践特征

1. 现代足球发展规划的实施理念

在 20 世纪末期，中国足协提出，为了促进我国足球运动的水平。应广泛开展足球运动，并将培养大量的优秀后备人才作为国家足球战略的重点。足球运动水平的提高，需要运动员具有综合的能力，包括良好的身体素质、扎实的技战术功底以及较高的文化素养。为了促进足球人才队伍的培养，应广泛开展足球运动，并形成良好的竞争机制，以此推动高水平后备人才的培养。其后，为了促进足球运动更加普及，全国各中小学普遍开展了足球运动，并建立了相应的足球训练营体制，对运动员进行系统的训练。因此，在我国足球运动的发展过程中，应注重足球意识的培养，重视从小抓起，注重个体的发展，并积极加速培养我国足球的后备人才。

2. 现代足球发展规划的实践特征

（1）注重人才梯队的建设

培养一个优秀的足球运动员需要长期的过程，而在我国的足球培养模式中，国家只注重国字号队伍的建设，忽视运动员的前期发展，因此获得的社会效益和经济效益甚微，具有明显的滞后性。

因此，现代足球战略性部署要求国家和足球俱乐部不能只注重眼前的比赛利益，而应在长期训练过程中持续给予足球运动员最大的支持和帮助，并应重视足球队伍的长期建设。

（2）促进比赛体系的不断完善

现阶段，我国的足球比赛体系还很不健全，尤其体现在青少年足球队的比赛体系方面。目前，我国青少年足球运动员的比赛过少，主要集中在冬训中的赛会制比赛上。因此，在现代足球运动的发展规划中，应重视增加一些青少年运动员参加比赛的机会，健全足球赛会制度，完善比赛体系，为足球运动员的长期发展创造更多的机会，并积极督促足球运动员在实际比赛中自身运动能力和应变能力的提高。

（3）重点突出，全面发展

目前，我国足球运动发展的重点主要集中在几个比较大的城市，在全国范围内进行足球的发展规划十分有限，缺少足够的时间和精力，这使得足球运动的发展缺乏广泛的群体基础。此外，在很多学校，一些体育教师由于综合素质所限，并不具备教授学生进行足球训练的资格，因此，新实施的亚洲足球展望计划也只能使部分高校的学生获益。

现代足球理念强调足球运动员的培养是一个长期性的过程，近年来，我国在培养足球运动员工作中也做出了很多的努力，热爱足球运动的人逐渐增多，并从中受益匪浅。由此．足球运动的普及也进入了一个崭新的阶段，并将持续地、健康地朝着多元化方向发展下去。

（二）现代足球战略观念和训练理念的结合

现代足球战略性的发展理念应该做到战略观念与训练理念的充分结合，具体如下。

首先，足球训练理念是否准确和科学，直接决定着我国足球的发展模式、发展水平和发展方向。因此，必须从根本上改变足球训练的落后理念，在充分重视足球运动员体能发展的同时，还要重视他们心理素质的提高，积极促进他们对足球运动技术的灵活性掌握和比赛应变能力的有效提高。

其次，现代足球训练理念对足球运动的实践具有积极的指导性作用，科学的足球训练理念是足球运动训练实践正常进行的基础和保证。学者们普遍认为，足球运动训练及比赛成绩的落后在很大程度上是由训练指导理念的不规范和不系统造成的。因此，足球运动想要获得不断发展和创新，就必须构建先进的足球训练理念，只有这样，才能为我国的足球事业培养更多人才，才能真正从根本上改变我国足球运动水平落后的局面。

（三）现代足球训练理念的完善

1. 根据球员特点进行针对性训练

在足球训练中，运动员有其自身的生理特点和心理特点，因此在足球训练中安排训练内容和训练强度要有针对性，选择合理的方式方法，确保足球运动员的训练符合其成长过程，使其在从初学者到顶级运动员的过程中能够实现良性发展。

2. 训练指导与球员的发展需求同步

在足球训练中，教练员想要做到训练指导与球员的发展需求相适应，就必须用批判的观点审视足球运动训练的组织设计和计划安排。教练员应时刻考虑足球训练过程还需要什么改进才能更好地适应运动员的长期发展。与此同时，教练员必须提高自己的执教能力和水平，包括观察能力、教育能力、组织能力、辅导能力、训练能力、示范能力及自我提高能力等。

3. 让球员在训练中享受足球

在足球训练中，让球员学会享受"踢球"的乐趣，有助于足球运动员的健康成长，在足球训练中应该积极引导他们将足球运动看作一种游戏去体验和享受，提高他们踢球的兴趣，让他们能够在轻松的氛围中发现和感受足球的魅力，为其终身参与足球运动打下基础。

4. 结合足球发展趋势训练球员

足球是一项集体运动，受多种因素的影响，所以在进行足球训练时应考虑全面、计划周详。只有真正掌握了比赛所需的各种基本运动技巧和技能，运动员才能在赛场上获得好成绩，才能实现自身的不断发展。

首先，要重视足球运动员体能素质的训练。现代足球竞争激烈，球员在赛场上的运动量和运动强度都很大，足球比赛对球员的体能素质是个很大的考验。

其次，要注重运动员的全面运动能力的提高。现代足球比赛更加重视队友之间的默契配合，这就必然要求足球运动员具备全面的足球技巧，能在赛场上灵活地处理各种复杂多变的情况。

最后，要加强运动员心理素质训练。心理素质训练也是足球训练课中重要的组成部分，良好的心理素质在对抗双方实力水平相当的情况下，显得尤为重要。只有具备了良好的心理素质，才能在赛场上掌握主动，才能最终赢得比赛。

二、现代足球训练的方法

（一）重复训练法

重复训练是指按照固定不变的动作结构和负荷量，重复进行训练，形成固定的条件反射，从而使技术动作定型。足球运动训练中，重复训练法比较常用，对于掌握并提高技术、战术，全面发展身体素质，培养意志品质等方面都有着积极向上的作用。

重复训练法的间歇时间有严格的规定，一般都是在运动员身体完全恢复的状态下进行训练。因此，重复训练法适用于强度大的训练，强度可达极限强度的 90％ 以上，在发展最大速度、最大力量的训练中常用此法进行训练。

（二）　变换训练法

足球运动训练过程中有目的地变换单个动作结合、练习的负荷（运动量、运动时间、运动频率等）以及变换训练的条件、环境等的方法称为变换训练法。在枯燥和训练强度较大的情况下，合理地采用变换训练法，有利于提高运动员的运动兴趣，并对神经调节和训练效果有很好的帮助。应用变换训练法，负荷的变换、条件的改变和动作组合的改变都要具有渐进性，不能要求过高或是变化突然，要逐步地进行训练。常采用的变换训练的方法有：改变动作组合的变换、改变负荷的变换、环境的变换和改变练习条件。

（三）　循环训练法

循环训练法要求运动者根据技战术训练的具体任务，把按预先设计的多项活动内容设计成若干个站，在训练过程中使运动者按照一定顺序一站一站地进行练习，运用循环练习的方式周而复始、循环往复地进行练习的方法。一般地，开始时先练一个循环，过2～3周后增加一个循环，逐渐增加到3～4个循环，但最多不得超过5个循环。一次循环中应包括6～14个不同的练习，每个练习间歇为45～60秒钟，每个循环间歇为2～3分钟。此方法对刚刚参与技战术训练的运动者较为适用。

（四）　间歇训练法

所谓间歇训练，具体是指重复练习之间按严格规定的间歇时间休息后再进行练习的方法。训练中练习间歇时间的长短，取决于训练的目的、训练的强度、运动员的训练水平和身体状况。每次练习的数量、练习的负荷强度、重复练习的次数（组数）、休息方式和间歇时间是构成间歇训练法的五个基本要素。

运动员采用间歇训练法参与技战术训练，不仅能有效地提高呼吸机能，提高机体糖酵解能力和耐乳酸能力，还能在练习期间及中间间歇期间使运动员的心率保持在最佳范围之内，有助于提高和改善运动员的心脏泵血功能。

（五）竞赛训练法

竞赛训练法是指足球运动员通过竞赛或者游戏方式进行训练的一种方法。它是一种训练手段，也是检查训练效果的最佳方法，而且能有效地提高运动员创造性地运用知识、技战术的能力以及提高身体训练水平，有利于培养运动员的实战能力和应变能力。

根据训练目标，在足球运动训练中，常用的训练法包括训练性竞赛、游戏性竞赛、测验性竞赛、适应性竞赛和身体素质竞赛等。

（六）持续训练法

在训练的过程中，为了保持有价值的负荷量而不间断地连续进行运动的方法叫持续训练法。此方法要求负荷强度较低、负荷时间较长、无间断地连续进行运动。持续训练时间的长短，同样要根据负荷价值有效范围确定，通常认为在 140 次/分钟左右的心率下持续训练 20～30 分钟可使机体的各个部位都长时间地获得充分的血液和氧的供应，因而能有效地发展有氧代谢能力，发展耐力素质。在足球运动训练时，采用持续训练要注意以下两点。

（1）由于持续训练的时间较长，练习量较大，因此强度不应太大。一般情况下，心率控制在 130～160 次/分钟，并以恒定的运动强度，对一般耐力的发展有良好效果。若要提高专项耐力，则可以提高强度，持续适当的时间。

（2）在训练期或休整期，采用中小强度进行持续训练，是为了发展或保持一般耐力水平。

三、现代足球训练的评价体系

（一）进攻表现评价

1. 无球进攻表现

（1）考察运动员能否利用假动作摆脱对方的防守。

（2）考察运动员能否通过跑位、策动、突破等方法的运用，为自己创造得球以及为同伴创造进攻的机会。

（3）考察运动员能否在无球跑位中体现或贯彻明确的整体战术意识。

2. 有球进攻表现

（1）考察进攻队员在获得控球权后的观察力、组织进攻意识等方面的表现。

（2）考察进攻队员传球的目标、方式和时机的运用是否得当，有无明确的战术意识。

（3）考察进攻队员对运球推进、突破、选择进攻时机、节奏控制等的把握程度。

（4）考察进攻队员对定点射门，配合射门，运球突破射门，补射中的射门时机、角度、距离、脚法、力量、弧度等的掌握程度。

（5）考察进攻队员在传球、运球、射球过程中的应变能力。

（二）对场上队员的防守表现评价

1. 盯人防守表现

（1）考察运动员由攻转守意识与盯人方式是否恰当。

（2）考察运动员盯人过程中封堵、延缓、抢截、补位意识运用如何。

（3）考察运动员盯人选位，采用紧逼或松动盯人方式是否恰当。

（4）考察运动员盯人防守中是否有局部与整体防守意识。

2. 区域防守表现

（1）考察运动员防守选位、封堵、延缓、抢截运用是否合理。

（2）考察运动员区域防守意识如何，能否对防守区域实行有效的控制。

（3）考察运动员补位、协同意识及其运用如何，是否具有整体防守意识。

（三）守门员训练表现评价

1. 防守表现

（1）能否准确判断并合理运用技术进行防守。

（2）比赛中与定位球处理中的防守选位是否恰当。

（3）能否快速移动对罚球区进行有效的控制。

2. 进攻表现

（1）能否运用准确合理的发球技术组织进攻。

（2）获球后，发动快速反击能力如何。

3. 教练员评定队员战术意识的分级标准

（1）较差：战术意识不强。

（2）一般：战术意识有待进一步提高。

（3）较好：战术的运用基本合理。

（4）好：战术意识全面，足球比赛中战术应用正确、效果明显。

（5）突出：战术运用自如，进攻与防守意识强，比赛中能成为总体战术的核心。

第二章　足球教学与训练理论

第一节　足球教学与训练的内容

一、足球基本技术

（一）无球技术

足球运动员在比赛中的无球跑动占全场比赛的绝大多数时间，无球跑动中所涉及的动作大致有跑、跳、停、起动、转身和晃动。

无球技术对比赛极为重要，尤其是无球技术的质量对运动员的技巧水平提高具有重要作用。对足球技巧缺乏深刻认识的教练员往往只关注队员的球技或速度等，因为这些比较容易观察，但无球技术的作用不易显露，于是他们忽略了发展队员的无球动作质量的练习。其实，运动员能轻松地摆脱对手、能牢牢盯防进攻队员，都与他们出色的起动、转身等无球技术的质量密切相关。

无球技术与身体素质有紧密联系。无球技术通常表现为技术质量，通过完成动作的正确程度来反映优劣；身体素质则具有定量特征，如速度多快或耐力多强等。当一名队员的速度或弹跳能力差时，可能是缺乏力量，也可能是因为这些无球技术的质量低。此外，无球技术和身体素质必须以符合足球项目特征为前提去发展，田径式的跑速未必能在足球比赛中发挥作用。

1. 跑

足球比赛中的跑动要求运动员必须能随时急停或减速，并通过扭动或转身来及时改变运动方向。从这点讲，在足球比赛中很少运用田径式的冲刺跑。足球比赛中偶尔也有较长距离的全速冲刺，这时，正确的跑姿非常重要，教练员应设法帮助运动员提高这一能力。

足球跑与田径跑的主要不同点在于：田径跑的腾空时间长，而足球跑的腾空时间短，因为足球跑需要随时变向或变速，必须降低重心并使脚接近地面；足球跑的双臂摆动应比田径冲刺跑幅度小，这样有助于维持身体平衡和更敏捷地调整步法。

2. 跳

双足跳和单足跳是跳的基本形式，单足跳比双足跳跳得高，两种跳法的高度都需要正确的技术和腿部爆发力。这两种跳法可看作"跳高"，还有一种跳可称为"跳越"。在多数跳跃动作中，队员需要在快速跑动中越过障碍物，比赛中的障碍主要是队员身体的某一部分。头球技术是击球内容的一个分支，为了发展良好的头球能力，队员不仅要跳得高，还要顶球有力，但这是两个不同的动作。跳起的力量来自有力的蹬地，而顶球的力量来自离地后身体动作所产生的摆动力。

3. 停

足球跑要根据场上情况随时做到急停。为了能急停稳定和平衡，队员必须迅速降低身体重心。稳定与平衡也是所有技术成功运用的基础。急停可结合球技练习。例如，跑—急停—踢球，或者跑—急停—控球。重心、稳定和平衡受到腿部、臀部肌力和身材的影响，肌力大和身体小的运动员在这方面能力一般要强些。

4. 起动

最费力和低效的起动姿势是静态直立，足球场上必须绝对避免这一姿势在静态起动不可避免的状态下，队员应使脚的站位便于向任何方向蹬出。要屈膝且上体适当前倾，头部保持稳定，身体重量应置于一只脚的前部，两脚分开以保持平衡。活动中起动比站立或静态容易得多，在可能的情况下，队员应尽量保持慢跑、走和滑步状态。

5. 转身

变向或转身能力与队员的动作速度密切相关，同时取决于队员做动作时的脚部位置。聪明的进攻队员总是懂得如何依据对手的站位来摆脱紧逼盯防。低重心对转身动作同样适用。在比赛的许多场合下，转身常与急停和起动之间有密切关系。

6. 晃动

晃动是指侧倾和以身体垂直轴为中心的扭转。多数晃动用于诱骗对手的重心向一侧移动，从而失去平衡。在无球状态下摆脱对手紧盯时，队员也应像有球一样，以肩、腿、髋和臂的虚晃来达到目的。晃动效果在很大程度上取决于急停、起动和转身练习所发展的出色的脚下功夫。低重心和合理的脚部支撑站位，对保持虚晃时身体的稳定性非常有利。稳定性是保证上体最大幅度地完成虚晃动作的基础，若稳定性差，假动作的逼真性和多样性都会受到限制。无论是在活动中还是在静止状态下，做假动作时应使身体重心向某一侧移动。防守者也应充分掌握假动作，在抢截时进行虚晃，这对扰乱进攻队员的意图是非常有效的。

（二）传球

传球是队员之间联系的主要手段，在球队保持控球权时，传球技巧运用得最为频繁。接球和传球是足球项目中最重要的技术，队员在接球后，80％以上的情况是把球传给同伴。若传球不准确，全队的进攻机会就将奉送给对手。在练习传球技巧的过程中，如果队员在无对手情况下还不能准确传球，就不能在练习中让一名或更多对手来发展他的传球技巧；若队员短距离地滚球都传得不准确，就不能让他在最初的阶段练长距离空中球。因此，传球训练应从无对手练习、近距离传球练习和传地面球练习开始。

青少年足球教学与训练中，传球的内容包括脚内侧推传球、脚内侧传弧线球、脚外侧传弧线球、脚背传球和脚背大力高吊球。

（三）运球

足球比赛中的运球同样能给观众带来巨大的欢乐。若进攻队员具备高超的运球技巧，其在瓦解对手的人数优势时会起到巨大的作用。运球和带球跑是不同的：运球必然涉及突破对手，需要有出色的控球能力；带球跑则是在无对手积极逼抢下向前推进的技巧。带球跑时，由于没有即刻的防守压力，控球队员能够抬头观察，尤其是高水平队员，他们都非常注意在带球跑过程中观察场上情况的变化。运球具有即兴发挥的特征，运球技巧超群的队员具有突出的自我创造精神。但绝不能盲目、过多地运球。在进攻三区时，提倡队员运球突破对手，因为一旦成功，将为全队带来巨大回报。但在防守三区时，运球突破的风险性太大，价值不高，在本区域应该保持控球权。

（四）抢截球

为了抢球，每名队员都应具备出色的抢截球技术。尽管每次抢截球不一定能得手，但只要抢，就会占据一定的位置，能封堵球路或者限制对手的自由行动，从而为同伴和全队的防守成功创造条件。

抢截球技术和抢截球技巧是不同的。技术是完成动作的方法，而技巧是依比赛局面对技术的选择性运用。技巧的运用必须考虑诸多因素，如争抢球的区、同伴的位置和对手的能力等。

（五）守门员

在一支球队中，守门员的位置是最特殊的，也是最重要的。如果守门员的防守能力出色，就会为全队的后防建立一道坚实的壁垒，使同伴在比赛中充满自信，没有后顾之忧。如果守门的能力平平，总是出现失误，同伴就会在比赛中顾虑重重，很有可能由于守门的问题而失去取胜的机会。因为守门员的位置特殊，守门员的技术和战术也特殊，所以守门员的技术和战术应当进行专门的训练。

二、足球运动战术

（一）个人战术

个人战术包括运动员控制球时有目的且合理地运用技术，以及无球时具有战略意义的行动。个人战术的集合必将体现整体战术水平的高低。因此，提高个人战术水平对比赛的成功有着重要意义。

青少年足球运动中的个人战术教学与训练内容主要包括跑位、接应、交叉位跑动、防守移动、持球队员行动准则等。

（二）局部战术

局部战术是指场地范围不大、参与人数不多的攻防配合行动。局部战术是整体攻防战术的基础，在某些时候，也是直接结束战斗的重要手段。在比赛中仅 2～3 人的配合就可直接破门得分的例子举不胜举。局部战术集合了个人能力、意识及与同伴协同作战。如果能熟练掌握局部战术，则可触类旁通。显然局部战术训练在整个战术训练中占有极其重要的地位。青少年足球运动的局部战术教学与训练内容主要包括二人进攻配合、传直线二过一、三人进攻配合等。

（三）整体攻防战术

整体攻防战术是指为达到目的，全队应采取的基本方法、路线、对策等，它代表着整体的意志，无论局部发生任何变化，全队都应遵循既定的方法、路线和对策。整体攻防战术水平对实现攻防总战略有着重要的影响。

青少年足球整体攻防战术教学与训练的内容包括边路进攻战术和中路进攻战术。边路进攻战术包括边线强攻和边卫主攻。中路进攻战术包括渗透进攻、反击进攻、防守反击和造越位战术。

(四) 定位球攻防战术

随着足球的发展，定位球攻防战术的水平越来越高。在比赛中，利用罚定位球破门得分的例子举不胜举。目前，定位球攻防战术普遍受到世界各国的重视，且一直在进行着研究和创新。定位球攻防战术是利用比赛开始或成"死球"后重新开始比赛的机会所组织的进攻和防守战术，由于罚球地点不同，组织战术也各不相同，但最有威胁的战术主要包括角球、进攻前场任意球所组织的战术。

青少年足球定位球攻、防战术教学与训练的内容包括角球和前场任意球战术。角球战术主要包括直接传、中、短传配合及角球防守战术。前场任意球战术包括直接射门、配合射门、两侧斜传强攻、任意球防守等。

(五) 比赛阵型

比赛阵形是指比赛中人员布局和位置排列。比赛阵形的确定不是凭空想象的，更不可随意效仿，必须根据本队打法特点、队员的能力及比赛对方的相应情况进行选择性采用。在足球发展的进程中，比赛阵形也随之发生着变革和创新，这表明比赛阵形有着鲜明的时代特征。比赛阵形在比赛中不是一成不变的，针对具体情况或需要，比赛阵形也可灵活机动地进行变换。例如，防守时采用5－3－2阵形，由守转攻时又可变为3－5－2阵形。当今，在整体快速的全攻全守战术思想指导下，世界各国采用较多的有四种阵形，即4－4－2阵形、5－3－2阵形、3－5－2阵形和欧洲较为流行的1－3－3－3阵形。

第二节　年龄阶段及特点

一、小学阶段

（一）7岁少年的特点

这一年龄段的少年十分好动，协调能力差。相比于更小年龄段的孩子，他们注意力的广度与质量虽急速增长，但持续时间仍旧较短，并且仅集中于某一信息点或事物表象，喜欢将自身的能力与他人的能力进行对比，对差异的领悟更为精准，质量更高。

7岁的少年没有足球比赛的经验，但他们需要活动起来。对于足球、俱乐部、教练和俱乐部队友的第一印象应是积极的，这能够激发热情。他们通过游戏进行学习，并且边踢球边学习。他们需要在无压力的环境下进行游戏。教练给予他们自由，让他们自己解决问题，只在必要时介绍。训练中的要点应与下一阶段的训练有关联。

（二）8岁少年的特点

这一年龄段的少年缺乏完善的运动技能，他们的动作仍显粗糙，需要进行短暂的、充满爆发力的动作训练；他们很容易觉得累，但是恢复起来很快，这就是为什么他们应该在短时间内进行训练并且多中断休息。他们不知道哪一个动作将会带来成功及想要的结果是什么，不明白理想的踢法是怎样的，因此要完全依靠教练。他们的注意力很差，周边环境的影响会使他们分心，因此训练时的意志表现是多变的。他们的模仿能力得到了很大的发展，能非常大胆地进行模仿。因此，练习与比赛应以小组形式进行。他们对胜利或失败没有心理上的压力感。他们对运动的兴趣逐渐增加，喜欢与他人进行技术和能力上的比拼。

本年龄段的足球训练应当是简单明了的，应基于以下观念：玩。对于"重大"比赛的简化，应以下述标准为基础：队员参与的比赛所呈现出的东西应与真正的比赛一样。比赛的基本观点：将球踢进对方球门，且保持己方球门不被攻破。在训练中，应让每个队员都能体验到成功。比赛的重点是更好地进行学习，这样，每个队员都能带着全新的体验结束训练。比赛的组织形式和规则应该简单明了。在本年龄段，技能的培养极为重要。扎实的技能是足球运动员的运动技巧在后期得到发展的基石。所有练习中的重点都是多熟悉球性。在个体的训练中，应完成小的碰撞动作、跑步、跳跃、攀爬，以及在所有足球比赛中部分或全部出现的动作。整个训练过程应带有游戏的性质，因为游戏极富吸引力，可以为学习和训练提供理想的情境。在教练的指导与支持下，队员学习基础的技术动作。除了技术练习，他们也应该进行反应训练和动作频率训练。防止脊椎与四肢损伤的练习应被包含在附加的运动分支教学领域中。绕着操场进行耐力跑是不可取的。对于教练来说，给予队员简单明了的指令是极为重要的。教练应少解释，多演示。

（三）9～10岁少年的特点

9～10岁少年的思维能力正在发展，所以这一年龄段开始后，他们变得更有主见，更能在各种方案中做出选择。他们的注意力仍旧薄弱多变，但是在逐渐增加。他们的合作与开放的意愿在增强，能够更多地与他人进行联系，更能理解他人。在本年龄段结束时，他们与好友的友谊变得更为紧密。他们的协调能力加强，能更好地控制大大小小的肌肉群，能很好地执行动作。在本年龄段结束时，他们可以学会大量不同的动作与步法；在上一年龄段所学到的粗糙的技术动作将继续得到发展，变得纯熟。与早年相比，足球技术训练与协调能力训练所占的比重增多。指令应简短明了，尤其需要坚持纠正错误的动作与步法。良好的演示变得更加重要。这一年龄段的孩子喜欢动起来，动个不停，所以教练做长篇大论的解释是没有意义的。大部分的男孩和女孩可以完全接受训练的要求。想象力、勇气与对自己动作的自信心，可以使本年龄段的少年获得极大的足球潜能。他们可以自己照顾自己，自己打理自己的装备和训练品。他们能意识到自己的身体，想要了解自己身体能力的极限。训练观念中的重中之重在于每个队员的发展，而不是球队的胜利。

身体各方面能力的发展、整体运动能力的提升、更好地训练能力等，都让增加每周与每年的训练量成为可能。本年龄段的队员已经进入运动能力发展的黄金年龄。除了足球技术之外，队员的基本战术能力成为首要的课题，而这可以在规则简单的游戏中学习到。依靠逐渐增强的空间定位能力，他们可以在游戏中分辨自己的角色，评估队友与对手的状态和意图，以便更好地与他们进行合作或竞争。

自由训练在训练中占有重要的地位，游戏的要求将逐渐提高。基础的训练游戏为 4 对 4 训练，有各种变化方式，用于构建真实足球的基本情境。此外，应专门制造出能进行射门的各种位置和状况。

训练的核心：在小场地上，以小团队进行训练；训练持球或无球状态下的灵活性与速度；对基础技术做大量训练；在训练中双脚都要用到；积累比赛经验；在游戏中找到自己的问题解决之道；在 1 对 1 游戏中保持良好的进攻性态度；以胜利与失败为标准，改进自己的学习方法。

（四）11～12 岁少年的特点

在 11～12 岁这一年龄段，要开始进行高强度的身体训练。这一年龄段是少年期与青年期的过渡阶段，因此他们的特征没有完全固定。有些时候，他们更接近于少年期，而有些时候，他们更接近于青年期。运动能力发展的黄金年龄从 10 岁左右开始，并持续下去。这一年龄段的队员具有最大的运动学习能力，所有先前学到的粗糙的技术动作将以更精确的形式表现出来。

在运动能力发展的黄金时期，队员专注于训练，并且强烈渴望提高自己的技术。他们做好了无限重复任务的准备。教练必须注意，如果在此年龄段的教学中遗漏了某些技术或战术知识，那么在后期的发展阶段，这些知识可能会难以弥补或根本无法弥补。此年龄段的运动能力教学仍旧以模仿技术动作范例为主。教练的主要任务是增强队员对足球运动的兴趣。

在比赛中，这个年龄阶段的少年对个体动作或他人动作的预判能力和方向感变得越来越好，教练可以把更多的注意力放在战术要求上。

根据以上的所有事实，我们将训练的主要目标设定为加强对足球运动的兴趣；将已掌握的基础技术动作提升到精通程度；获得个体和团队的基础战术素养；定期训练；进行 9 对 9 小场比赛，为 11 对 11 比赛打好基础；发展独立性和责任心。这个阶段教育的重心为准时、定期地参加训练，使用干净的训练服和鞋袜；在更衣室和淋浴室保持秩序和整洁；根据天气情况选择不同的着装；参加训练前进行热身活动（带球、盯人）；对他人坦诚相待；公平比赛，尊重队友、对手和裁判；准备好在分配的位置上踢球；完成教练的要求。

教练不可以自顾自地工作，必须与家长、教师、俱乐部管理层进行合作。教练的这些活动应基于下述原则：为了能使个性得到和谐的发展，应把教育和培训当作一个整体来看待。教练负责教育和培训，鼓励积极主动性、责任心和独立性。教练应当设置易于理解的任务要求，并对此做出解释，以便队员能明白他们为什么这样做。任务要求必须是确实能够被实现的，应与队员的实际情况相适应。

二、初中阶段

(一) 13 岁少年的特点

13 岁的队员正处在青春发育期的突增期。男生身高迅速增长，女生身高增长减缓，但体重增加明显，呼吸系统快速发育，骨骼组织与肌肉纤维增长较快。

该阶段是少年向青年初期过渡的阶段。队员活泼好动，好奇心强；渴望关心；自尊心、荣誉感、表现欲迅速增强；独立意向、成人感迅速增强。但他们情绪易变，自我控制能力相对较弱。

该阶段队员思想单纯、敢于尝试、渴望成功，交往能力与兴趣迅速增强。但他们易受外界环境影响，易激动、不冷静、自制力不足，在挫折和失败面前容易动摇。

(二) 14 岁少年的特点

与 13 岁少年一样，14 岁的队员也处在青春发育期的突增期。

该阶段队员情感情绪易激动，凭感情行事；可塑性大、可变性强；认识能力显著落后于独立意向和行动能力；自尊心、自信心、好胜心增强；独立意向、成人感和自主、自立意识增强，但自我控制能力相对较弱。

该阶段队员独立意识增强，但能力不足；生长快速，容易疲劳、不安；从众心理倾向明显，易受群体影响。

(三) 15 岁少年的特点

15 岁的队员虽处于青春期，骨骼组织和肌肉纤维开始向增粗方向发展；大脑功能迅速提高，以逻辑思维为主。

该年龄段队员的各种心理品质逐步向稳定的方向发展，认识水平和能力迅速提高；理智感、自我控制和调节能力及抽象逻辑思维能力提高。

— 31 —

该年龄段队员社会意识与参与意识快速提高；思想活跃，思考问题角度广泛，有一定的分析能力，但思想方法仍简单，行为易走极端；情绪波动较大缺乏持之以恒的精神。

三、高中阶段

（一）16 岁青年的特点

16 岁的队员身体的生长发育已进入青春期后期，各组织、器官、系统的机能已近似成人。在自然发育和运动训练的双重作用下，部分运动能力已接近成人，较适合专项速度、无氧耐力和力量素质的训练。

（二）17 岁青年的特点

17 岁的队员身体生长发育已进入青春期后期，各组织、器官、系统的机能近似成人。由于自然发育减缓，所以训练效应凸显，运动能力已接近成人。

（三）18 岁青年的特点

18 岁的队员身体生长发育进入青春期后期，各组织、器官、系统的机能更近似成人。由于自然发育减缓，所以训练效应更加凸显，运动能力接近成人，适合于专项速度、爆发力、无氧耐力与灵敏素质的训练。

随着文化学习的深入、知识结构的丰富和社会交往的扩大，16～18 岁队员的独立思考、自主意识增强，争强好胜，渴望认同与成功，同时逆反心理较强，承受失败、挫折的能力弱，在行为表现上易冲动，自控能力不足。

第三节　多步渐进式模型

一、长期运动发展

长期运动发展的进程以个体开始踢足球为起始点，以运动体验的终止为结束点。长期运动发展的主要问题是如何在两种战略中进行选择：早期的专业化或全面发展。实践表明，下列训练刺激对于一名足球运动员的发展具有诸多好处：①一般性的基础游戏（捉迷藏、计分游戏、跳橡皮筋、跳绳）；②运动游戏；③自由练习；④体操与跳跃；⑤基础武术；⑥田径（用接力棒、小木棒或圆环进行的小型接力跑）；⑦冬季运动与游泳。

二、训练与比赛计划

教练对在其他运动场地上训练青少年运动员通常都感到抵触。这是因为，教练对其他类型运动的训练技术和训练方法缺乏足够的知识，并且认为对于专业化的足球训练来说，无须在一般性的训练刺激上花费时间。他们并没有意识到，足球的一般化教育与专业化教育代表了这一独一无二的进程的两极。

理论和实践都已经证明，在训练项目中加入一般性的训练刺激是很有必要的，理由如下：①积累各式各样的动作经验后，能加快基础足球技术的学习步伐；②基础游戏与趣味足球游戏可以极大地增进临场发挥能力，提升比赛感觉；③随着肌肉、肌腱、骨骼（支撑性组织与连接性组织）的各种拉伸，损伤抗性增强了，并且有利于机体的和谐发展；④特殊形式的一般性训练器材可使训练更富有趣味；⑤在足球年龄成熟期所获得的显著进步，通常都基于早年的一般性训练准备。

训练有素这一理想状态可以通过多种方式获得。最简单的方法就是进行大量的高强度的专业化训练。在训练青少年时，若想实现长期目标，这一方案并不可取。相对立的方案为一般化的发展性训练。但是，由于教练缺乏长期运动发展的概念和知识，该方案通常被教练回避。在这个年龄段，如果接触过多的发展身体能力的训练方法，那么成年之后所能够选择的训练方法就会减少。

确保一般化训练与专业化训练的正确比例，避免给青少年过高的比赛要求和训练强度，能够使青少年迅速成长而不感到过多压力。

训练项目与计划由以下因素决定：①各发展阶段的年龄限定；②各阶段的主要目标和训练中心点；③训练的基本观念、方法和组织形式；④各种训练的数量关系；⑤比赛的数量和对抗的程度；⑥监测每一年龄段的进度与能力标准的准则。

青少年的训练要分多个阶段进行，以便发展他们的身体潜能和心理潜能，精确管理机体发展所需要的能量。通过这种方式，训练活动监控并鼓励青少年的自然发展，避免了早期的高强度训练及专业化过早地出现在运动生涯的开始阶段，一般化的训练准备要占总训练量的80%。但是，对于优选出的精英足球运动员来说，这一比例将逐渐下降，最后只占到总训练量的10～20%。

在初始训练准备阶段（7～8岁），主要目标是培养个体对足球的兴趣全面发展运动技能，在各类运动活动中获取经验。

在基础训练准备阶段（9～12岁），主要目标是鼓励运动员加强长期训练掌握复杂多样的足球技术，主要任务是建立足球运动所需要的技术基础、身体能力和功能性能力。此时，工作强度更大，训练数量也增加了。一般性练习的比例逐渐下降，在本阶段结束时大约占40%，正式比赛的经验应有所提升，但是训练备赛并不是最主要的任务。

初始专业化阶段（13～15岁）所要求的运动强度更大。本阶段的目标是使训练逐渐接近成人的训练模式，运动员要调整好自己的心态，以便在比赛中获得更好的成绩。除了要完善自身技术和团队战术，身体训练也很重要，尤其是力量与爆发力迅速发展。一般性的练习占总训练量的 20%～30%。

比赛作为足球运动的一部分，是一种教育和学习的手段，它能让运动员了解自己、了解他人，享受运动，提高技能。每一年龄层次的足球运动员都有一定数量和规格的正式比赛，这些比赛应有各自的持续时间、球场大小、球门大小和参赛队伍的运动员数量。实践表明，在小球场中进行的比赛和参赛运动员更少的比赛，相对于 11 对 11 的比赛，能让青少年球员得到更好的提高。

第三章　足球教学与训练实践

第一节　足球体能训练

一、力量训练

(一) 爆发力和快速力量的训练

足球运动的动作需要快速地完成，很明显这两种力量在足球运动中起到很重要的作用。爆发力训练和快速力量训练是两个不同的方面，尤其是涉及协调性时。爆发力是一种从相对休息的状态开始完成动作，而做这种动作时主要强调的是力量，一个很好的例子就是从站立开始进行冲刺或起跳，身体必须通过力量的爆发获得水平方向或垂直向上的速度，需要强大的推离地面的动作，要尽可能多的肌肉纤维参与工作。快速力量重要的方面是一定的力量所产生的速度，在身体或身体的一部分已经处在运动中时所做的动作起到最为关键的作用，突然的起动使身体进入运动状态。当已经进入冲刺过程中，重点很自然地就从爆发力转移到快速力量。在加速过程中，快速蹬离地面动作要比最大蹬地力量更为重要。蹬离地面的速度越快，运动员的步频也越快，因为只有快肌纤维才能使肌肉产生尽可能快的收缩，快速力量仅仅是由有限数量的肌纤维提供的，因为较少的肌纤维意味着较小的力量，很明显此时快速力量速度要比绝对力量大小更为重要。另一个很好的快速力量的例子是助跑起跳，通常在单脚起跳前要跑一定次数的大步，此时最重要的是要把水平速度转化成垂直向上的速度。每个足球运动员根据经验都知道这样的跳跃需要的蹬地力要比双脚从站立开始起跳需要的蹬地力要小，但是却能跳得更高。对爆发力来说，神经系统需要在短时间内使尽可能多的肌肉纤维活动起来。对快速力量来说，神经系统要在尽可能短的时间内激活有限数量的肌肉纤维这两种力量训练都需要采用中等负荷、重复次数少、练习组数较多的方法。

训练方法：爆发力训练方法、快速力量训练方法。

负荷量：最大力量的 $80\% \sim 100\%$ 和 $60\% \sim 80\%$。

重复组数：$1 \sim 8$、$8 \sim 10$。

练习组数：$2 \sim 6$、$6 \sim 8$。

组间休息：$4.5 \sim 6$ 分钟、$1 \sim 2$ 分钟。

（二）力量耐力的训练

足球运动员的力量耐力训练在整个身体训练中占有重要的地位。现代足球比赛在激烈紧张、快速多变、能量消耗大的情况下，更需要运动员有较强的力量耐力素质。对力量耐力训练时应多采用多次重复完成比赛模仿动作的练习方法，这种方法要求各种动作的运动形式和神经肌肉工作方式的特点都与比赛动作接近。为了适应现代足球运动比赛特点的要求，足球运动员既要有在瞬间就能发挥出来的爆发力，又要有持续较长时间的耐力性力量。这种力量的获得必须是结合足球比赛实践进行，而不是仅仅借助于运动器械来训练。在力量耐力训练过程中，不仅仅要选择动力性肌肉耐力训练，而且要适当选择静力性肌肉耐力训练手段实施全面练习。力量耐力训练要采用中小负荷、重复次数多、组数少的训练方法。

训练方法：力量耐力训练方法。

负荷量：最大力量的 $40\% \sim 60\%$。

重复组数：$15 \sim 25$。

练习组数：3。

组间休息：45 秒钟。

（三）最大力量训练

最大力量是指肌肉通过最大随意收缩克服阻力时所表现出来的最高力值，最大力量又称为绝对力量。绝对力量是运动员力量素质的基础，它的训练可以通过多种方法来完成。但是不管用什么训练方法进行，有一点非常重要的是绝对力量训练必须根据足球运动员技术动作的用力特点来设计。绝对力量训练采用的阶梯式极限强度负重训练法，即通称的保加利亚力量训练法（100％减 10 千克×2 再减 10 千克×2，然后又开始递增，直到当天最大力量，最后再递减）。它是举重运动员用来发展绝对力量的。我们在使用这种方法时应该清楚，它对运动员提高爆发力（弹跳力）是有一定的作用的，但对肌肉的弹性和收缩速度都有副作用。因此，只有在运动员力量缺乏或是局部肌肉力量缺乏时才采用这种训练方法提高机体或某块肌肉的绝对力量，并且练习时要根据足球运动用力特点设计动作。

训练方法：最大力量训练方法。

负荷量：最大力量的 80％～100％。

重复组数：5。

练习组数：6～8。

组间休息：3～4 分钟。

二、速度训练

（一）专项速度训练的要求

1. 反应速度训练的要求

（1）要求运动员注意力集中

研究证明，运动员注意力集中，思想有准备，使肌肉处于紧张待发状态要比注意力不集中而使肌肉处于松弛状态的反应速度提高

60%左右。

（2）要注意调动运动员的情绪

在训练过程中，运动员如果处于情绪高涨状态，反应速度便会提高，反之，运动员处于情绪低落状态，反应速度便会减慢。集体练跑比单人练跑、起跑的反应速度要快5%～8%秒。

（3）培养运动员的观察力和预见力

在训练中让队员养成观察球和场上队员活动的习惯，善于通过对手的表情、准备动作、身体姿势等去"预测"对手可能采取的行动。

（4）提高战术意识

要提高运动员在极短的时间里，对比赛复杂多变的情况做出分析、综合和判断的能力，并采取相应的行动，主要的方法是教练员应经常采用讲解、讨论、总结、示范等手段，来提高运动员的战术素养。

2. 动作速度训练的基本要求

（1）提高单个技术动作的速度

训练中要把传球、接球、运球和铲球作为重点内容，进行反复多次的练习，做到快速、简练、实用。

（2）提高组合技术动作的速度

在运动员基本掌握了单个技术以后，多进行组合技术的练习，如断球—传球、接球—运球、接球—运球—射门、抢球—运球—传球，提高动作之间的衔接速度。

3. 移动速度训练的基本要求

移动速度由起动速度和最大速度构成，一方面，由于运动员的最大速度并非马上就会出现，而是要经过至少30米之后，即起跑后5～6秒才能出现，另一方面，最大速度较难提高。因此，在训练中重点要发展队员的起动速度。

在练习起动速度时应注意以下三点。

（1）速度训练应注意结合爆发力一起进行，因为两者存在着密切的转移联系和互补作用，通常爆发力强的运动员速度素质更占优势。

（2）起动练习时有要运球、转身、倒地、跳跃等多种起动的姿势；要有正向、侧向、背向前进方向的练习；要有原地、走、慢跑和中速跑等多种形式；要有视觉信号和听觉信号两方面的刺激，尤以视觉刺激为主。练习时要保持较低的身体重心，起跑的前几步上体要适当前倾。

（3）起动速度练习的距离在 5～30 米。

在练习最大速度时要注意以下四点。

（1）在以跑为手段进行移动速度训练时，应十分重视肌肉放松。研究表明，一个短跑运动员的 100 米成绩由 10.9 秒缩短到 10 秒的诸因素中，爆发力的提高占 20.57％，力量增大占 12.34％，而肌肉放松能力的改善占 21.57％。

（2）发展最大速度练习的距离应多于 30 米，即在 30～60 米之间。

（3）速度训练必须与专项特点及比赛要求紧密结合。众所周知，动作结构不相同的练习，所获得的速度不会向专项中转移。因此，在专项速度练习时，要考虑下列因素：①速度练习应包含有球和无球两种形式；②练习方法要考虑位置间的特殊性；③练习要逐渐加人对抗的条件。

（4）提高快速能力与其负荷的每个组成部分即练习的强度、持续时间与间歇以及重复次数密切相关。因此，要合理安排速度训练的负荷。

（二）专项速度训练的方法

1. 提高反应速度的训练方法

不少专家认为，人的反应速度虽然受遗传的影响较大，但通过训练是可以提高的。

（1）简单反应

①不带球

无球的练习应是运动员在各种情况、各种姿势下，听或看教练员的信号进行练习。例如，运动员轻跳，听或看到教练员击掌快速做 180 度转体；队员原地高抬腿，听到信号后，迅速向前做 15～30 米冲刺跑；练习队员两人一组，一前一后，前者随意做各种动作，后者迅速跟随模仿。

②结合球

可以采用快速绕杆练习，6 根杆之间相距 5 米，练习者从距第一杆 10 米处开始快速运球，在两杆之间快速的趟球、带球。

（2）选择反应

①不带球

队员在快速的跑动中，根据教练员事先规定的信号做突然起动加速，或急停，或转身，或跳跃，或变向跑等反应动作。

②结合球

两队员相距 10 米，平行向前带球，一队员向前推地滚球，另一队员随即向前推地滚球。传球后，两人立即快跑交叉到异侧追截同伴的球，得球后继续向前带球，且重复前面的练习。

2. 提高动作速度的训练

（1）不带球

连续向前蹲跳：弓箭步原地连续跨跳板；两脚横向蹲跳；连续向两侧倒地铲球；前冲三步接着横移三步，以上每节做 30 秒，歇 60 秒；后退几步后立即向前冲刺 10 米；一腿连续下蹲另一腿伸直；向前急冲几步单腿支撑急停；向前急冲几步双腿支撑急停，以上每节快速做六次，间歇 30 秒。

（2）结合球

队员低颠球几次后，突然向后挑高球过顶，然后迅速转身停趟球离开，反复练习；甲队员快速带球，乙队员积极堵截球路，但不抢断，甲根据乙的位置做各种变向和假动作以摆脱乙的堵截；5～8名队员每人一球，在 10 平方米的区域内快速盘带球，在护好自己球的基础上，看准机会将其他队员的球踢出圈外，剩下最后一名为胜者。

3. 提高位移速度的训练

（1）不带球

方法很多。例如，原地快速跳绳，原地开始上坡跑，原地开始下坡跑，负重加速跑，100～150 米加速跑，极限速度下坡跑等。

（2）结合球

快速运球做 30 米折返练习：练习场地为 70 平方米，四面各设一小球门，队员为 7 对 7，各队攻防两个临近的球门，在比赛中，要求一脚出球；半场用一个球门，一共 7 人参与练习，1 人为自由人，只参与进攻，另外 3 人一组攻防，形成每次进攻都是 4 攻 3，当一方防守成功后，由守方转为攻方，反之，进攻方进球，则继续进攻，要求是不论进攻还是防守都要在快速中完成。

三、灵敏训练

（一）灵敏素质训练的基本原理

灵敏素质作为综合素质的体现，主要受到以下因素影响：大脑皮层的灵活性，力量、速度、柔韧等诸因素的能力，观察力和反应速度，运动技能的数量和熟练程度。大脑皮层的灵活性主要指大脑皮层兴奋与抑制迅速而灵活的转化能力，因此灵敏素质训练应安排在训练课的前半部分，在运动员精力充沛、大脑皮层兴奋性比较高时进行。力量、速度、柔韧等素质的能力是保障灵敏动作完成的保障，灵敏素质训练要与身体各项素质协调发展。观察力和反应速度体现了灵敏素质的预判性、快速性和灵活性。运动技能的数量和熟练程度是完成足球专项技术的前提，足球运动员的灵敏性动作通常是由若干个动作不规则地构成，运动技能动作掌握得越全面越熟练，灵敏性动作完成的成功率就越高。

灵敏素质主要包含四个因素，即平衡、协调、程序化灵敏、随机灵敏。平衡是运动的基础。通过身体重心的练习，站立、停止和行走的能力得到发展，运动员可以快速地掌握和保持这种能力。在运动中，协调性主要侧重于正确的生物力学动作。通过把某个技巧分解为不同的部分，然后再逐渐组合，可以达到协调性练习的目的。在程序化灵敏中，一名运动员已经体验到施加于自己身上的技巧和压力，并意识到运动的形式和顺序。简而言之，运动员已经做好程序化准备。程序化灵敏练习可在高速度下进行，但在学习的过程中，必须控制好速度。运动员要完成未知的运动形式和要求。教练员可以辅以视觉和听觉反应技巧，以便使运动员根据不同的刺激对运动形式做出瞬间的判断。

灵敏素质通常与速度密不可分，速度包含了反应速度、动作频率、绝对速度。灵敏素质的练习要紧密结合速度练习，在某种程度上讲，灵敏素质就是改变身体速度和方向的能力。足球专项运动的各个要素都有一个最佳的发展期即敏感期，把握敏感期进行针对性训练可以取到良好的效果，而错过了则很难弥补。

（二）灵敏素质的训练方法与原则

灵敏素质训练应嵌入身体素质训练体系之中。灵敏素质训练需要神经系统高度敏感，所以一般应安排在训练的前半段，在运动员精力充沛、体能状况好时进行。运动员早期训练时，个人技术能力的提高是重点，灵敏素质在技术掌握上起到非常重要的促进作用。灵敏素质训练的练习内容、练习方式非常多样，如躲闪、追逐、突破等游戏。在足球运动中，则要考虑对手、队友、场地、球等因素进行精心设计训练，以便在呈现运动情境中发展运动员的灵敏素质。在灵敏性游戏的设计、选择、运用中，要注意把思维判断、快速反应、协调动作、节奏感等内容有机地结合起来。进行游戏时，要严格执行规则，防止投机取巧，遵守纪律，注意安全。设计灵敏素质训练时必须遵循由简到繁、循序渐进的原则，首先要注重动作技术的正确掌握，在运动员正确掌握技术之后再通过增加动作速度来提高难度。在深刻把握影响灵敏素质各项因素的基础上紧密结合运动员自身特点来设计训练方案，特别是要抓住运动员的短板进行重点训练。短板的发现有赖于对运动员灵敏素质的评估。例如，在灵敏训练中，运动员完成动作速度慢的原因可能是腿部力量差，也可能是动作不熟练、不协调或不准确，还有可能是感知和决策能力差等。因此，要进行灵敏素质的评估，找出运动员的短板，从而确定训练重点。

（三）灵敏素质训练计划的制订

制订灵敏素质训练计划需要考虑以下因素。①运动员的竞技水平。运动员竞技水平越高，训练的难度和强度就越大。②年龄因素。运动员年龄越小，灵敏素质练习的次数就越多。③性别。男性与女性的生理结构与发育特点不同，应区别对待。④训练和比赛周期。在训练和比赛周期前可以多进行灵敏素质练习，主要关注动作的准确性。⑤训练量。训练量取决于训练周期的目的，如发展快速反应力量训练，结合灵敏训练效果比较好。⑥恢复。灵敏训练最好能在运动员完全恢复或基本恢复的情况下进行，如果运动员很疲劳，所做的训练将带来负面影响。⑦结合运动专项特点。⑧训练进度安排：直线运动、短时间的加速和减速训练、减速完成较好的情况下进行方向的改变（有意识的、无意识的）、达到最高速度的练习。⑨训练内容：设计的内容应与力量训练、快速反应训练相结合。灵敏训练与力量训练分开进行效果比较好。⑩器材。在训练中可以利用辅助器材。例如，利用绳梯等进行训练，能够取得较好的效果。

四、柔韧训练

(一)足球运动专项柔韧素质训练的要求

1. 关于足球运动员的柔韧素质训练

对于足球运动的专项柔韧训练要强调早期专门化。足球运动与其他同场对抗类项目一样是一个对灵活性、协调性要求很高的项目。因此，柔韧训练应从少儿时期开始改善关节的灵活性，提高韧带、肌腱的弹性和肌肉的伸展性。柔韧素质发展的敏感期在 5～10 岁，力争在 12 岁以前把柔韧练习作为训练的重点，发展好柔韧能力。应多采用"缓慢式"和"主动式"活动，不宜长时间用力搬、压，或做过分扭转肌肉骨骼的活动，以免造成关节、韧带的损伤和骨骼变形。16 岁后，可逐渐加大柔韧练习的负荷量和强度。

2. 足球专项柔韧素质训练常态化要求

柔韧练习本身就是由不适应到适应、逐步提高的过程，停止柔韧训练效果就会消退。训练要长期化、经常化、系统化，且要循序渐进、逐步提高要求，不能急于求成，以免出现拉伤现象。肌肉韧带拉伸的过程伴有疼痛，长期系统的训练要有较大的意志力，况且柔韧性还受力量、耐力和身体发育的影响，年龄变大，柔韧性会变差。因此，保持和改善足球运动员的柔韧性是长期艰苦的过程，在训练中要坚持每堂训练的开始和结束都进行练习。同时，足球柔韧素质训练要与其他素质结合进行，特别是要与力量素质训练相结合，使肌肉、韧带柔而不软，韧而不僵，刚劲有力，使关节的活动幅度掌握自如。只有这样，足球运动员的身体素质才会得到实质性的提高。

3. 柔韧素质与其他素质的关系

在运动员身体素质的培养过程中，各项身体素质应协调发展。

这种相互协调发展的各种身体素质，为运动员的比赛活动提供了最积极有效的作用，使运动员不只是具有力量、速度、耐力、灵敏、柔韧中的某一种素质，而是要合理地、全面地发展各项身体素质。

足球运动员要想在技术上达到高度的发展，就要由各种身体素质做密切的配合。可以这样说，只有身体素质、技术和思维的结合，才能够把运动员推上冠军的宝座。

（二）足球运动柔韧素质训练的方法

1. 静态练习法

静态练习是指在一定的幅度下，固定某一伸展动作，并保持一定的时间。在做静态伸展动作时，一定要慢慢地进行，直到肌肉感觉处于最佳状态，也就是说，运动员可能会因肌肉牵张产生不舒服感觉，但绝对不能有痛感。进行静态练习时：第一，保持每一个动作 15～20 秒；第二，重复每一动作练习 2 次；第三，每星期练习 5～7 次；第四，一定要使身体各部位都得到伸展。个人静态练习方法：直体前屈压腿、开立侧压腿、弓步侧压腿、坐式腹股沟拉伸、仰卧提膝、仰卧举腿、仰卧抱腿等。

2. 动态练习

动态练习一般是在静态伸展练习之后再进行动态伸展练习，比静态伸展更加积极，为训练或比赛做好准备。动态伸展有助于刺激某一关节肌肉的神经系统，使肌肉和关节为更剧烈的活动做好准备。动态练习的目的，在于通过完成具体的运动工作，来提高运动幅度范围，它是由静态伸展到激烈运动的过渡阶段。动态练习方法可分为：原地动态柔韧练习方法；侧踢腿、前（后）踢腿等。

移动中柔韧练习方法：原地跑跳步、跑动中提膝抬腿、后踢臀跑、交叉步跑、后退跑等。

3. 被动练习

被动练习是在同伴或教练员的帮助下完成的。掌握正确的技巧方法，对于确保被动练习的安全性至关重要。利用被动练习来获取更大的关节运动幅度，是一种极为有效的手段。在做被动练习时，同伴或教练员必须谨慎，以免受伤。无论教练或队友都可作为被动练习的同伴。但无论是谁，在进行练习时，都必须掌握运用适当的技巧方法。第一，帮助伸展练习的同伴，一定要慢慢地做动作，缓慢渐进地施力，并能加以控制；第二，被动练习不能使练习者产生疼痛感，但要有适度的牵张感；第三，练习者的伸展程度，应恰到好处，过度的伸展并不见得好；第四，练习者与帮助练习的同伴，要一直保持语言交流，从而保证伸展的适度及安全性。被动柔韧练习：坐跨伸展、双膝触胸、单膝触胸、仰卧单腿交叉推压、仰卧屈膝分腿等。

4. 柔韧训练的顺序

身体部位的伸展顺序也很重要。一般从身体躯干开始，即先伸展腰背、臀及大腿部位。按其顺序伸展，可以最大限度地提高全身的柔韧性，因为这些肌肉群影响着身体其他部位。先伸展大肌肉群，有助于最大可能地伸展小肌肉群。大多运动动作都是通过改变身体重心来完成的。大腿肌肉直接受髋臀及腰背的影响，将这些大肌肉群伸展开后，再伸展身体其余部位。一般是按照下面的顺序来练习整个身体部位：①躯干和下肢。第一，腰背；第二，髋关节；第三，大腿后侧肌群；第四，大腿内侧肌群；第五，四头肌；第六，小腿、踝关节及脚部。②上肢。第一，肩关节；第二，臂、肘、腕和手部；第三，颈部。按照这一总的顺序去做柔韧练习，如果因时间或其他因素，致使运动员不能完全按此顺序进行的话，至少要遵循先练习大肌肉群这一基本原则。

（三）足球运动柔韧素质训练的建议

在进行柔韧训练时要注意以下三点。

（1）练习前做好专门的准备活动，确保安全，防止受伤，在进行柔韧素质训练前应该先进行 2～3 分钟的热身，以促使肌肉的"苏醒"。

（2）柔韧素质训练要循序渐进、强度适中，练习伸展时开始缓慢用力拉伸，以免用力过猛造成损伤；与同伴做练习时，互相注意，预防损伤。

（3）要注意柔韧素质训练的顺序性和整体性，不能孤立、片面地强调某一部位的柔韧性训练，而应重视身体各部位的柔韧性训练；严格按照先练习大肌肉群这一训练顺序进行训练。

第二节　技术教学与训练

足球技术是指运动员在足球比赛中所采用的合理动作的总称，它是在足球比赛实践中逐步形成、发展和完善起来的。

随着足球运动的日益发展，足球技术不仅在内容上更加丰富，并且动作难度也在不断提高。特别是当今的足球比赛要求运动员能够在快速运动中和激烈对抗的条件下，准确地完成踢、停、顶、运、抢截以及起动、快跑、转身和急停等技术动作。因此，运动员只有熟练地掌握足球技术，才能在比赛中有目的地采取行动和正确地处理球，以达到战术上的要求。因为即使是最简单的战术配合也需要用技术来完成，所以技术是完成战术配合的基础。而战术的不断发展，对技术又提出更高的要求，因而又促进技术的不断发展和提高。这就要求足球运动的教学、训练首先要加强对足球技术的全面掌握和提高。当然，对战术、身体素质的训练和比赛作风的培养也决不可忽视，这对迅速提高我国足球运动水平有着极为重要的意义。

一、颠球技术的教学与训练

熟练掌控在快速运动中的颠球技术，是随心所欲地控制、处理各种状态的球的最有效的手段。运动员需要从如下两个阶段去下功夫。

第一阶段，就是通过采用身体的合理部位反复接触球的颠球练习，以建立触球部位对球的敏感性，即本体感受。并经过这种反复的实践逐步了解、熟悉球的性能，掌握球在各种状态下的运动规律。

第二阶段，随着运动技术的提高，颠球技术的练习必须在快速运动中进行，在这个基础上再经过进一步的反复磨炼，运动员就能在极其复杂的条件下，通过熟练的颠球动作，使球"温顺"地处于自己的控制之下。

因此，颠球对任何级别的运动员来说，都要坚持经常性的练习，以保持娴熟性。

（一）教学与训练的建议

（1）学习颠球技术，应先从手坠落球开始，并应以一个部位只颠一次用手接住，再坠再颠。然后连续颠几次，逐渐过渡到连续颠多次。再进行交替使用两个部位和交替使用两个或三个不同部位连续颠球，直到多个部位连续颠球。

（2）开始进行颠球练习时，要防止为了追求颠球的连续次数而使用不合要求的动作进行颠球，应注重颠球动作的正确性和协调性，从而为娴熟的控球技术打下基础。

（二）训练方法

（1）原地颠自己手坠的下落球。

（2）原地拉挑球练习。

（3）原地拉挑球接着进行颠球。

（4）原地拉挑球接着两只脚交替颠球。

（5）原地拉挑球接着两只脚交替颠低球（球颠起的高度不超过膝部）。

（6）原地拉挑球接着高、低交替颠球（3～4次低球，1次高球）。

二、踢球技术教学与训练

（一）教学与训练的建议

（1）学习踢球动作应先从踢静止球开始，并以踢静止球、地滚球为主。在初步掌握了这些技术动作之后，再进行踢反弹球、空中球的练习。踢球练习要抓住支撑脚的站位、踢球腿的摆动和脚触球的部位这三个环节为重点，结合进行示范和讲解。对出现的错误动作要找出原因并及时进行纠正。

（2）当初步掌握了一只脚踢球之后，要注意强调使用较差的一只脚踢球练习，使两只脚都会踢球。

（3）对每一种踢球动作都要认真地反复练习，严格要求，做到动作正确、出球有目的。要养成踢球前观察场上情况，对来自各个方向的球要主动迎球踢球，踢球之后立即起动的习惯。

（4）在简单的条件下能较正确地完成踢球动作之后，就要在移动中练习踢来自不同方向、不同性质的球，并逐渐加大动作难度，提高动作质量。

（5）结合实战进行对抗练习，使之在实战中运用自如。

（二）训练方法

1. 脚内侧踢球

（1）原地做无球踢球的模仿练习，主要体会摆动腿以髋关节为轴、大腿带动小腿的摆动动作

（2）做向前跨一步的踢球模仿练习，主要体会支撑脚的站位和摆动腿的配合。

（3）助跑 3~5 步的踢球模仿练习，主要体会支撑脚的站位和摆动腿的摆动以及协调、连贯的用力技术。

（4）两人一球，一人用脚底踩球，另一人做原地或上一步的踢

球练习。要求踢球力量不要过猛，主要体会支撑脚的选位和摆动腿的摆动动作。

（5）对网或足球墙踢球练习。开始距离 5 米左右，用力不要太大，待动作熟练后逐渐加长距离，主要体会踢定位球的动作要领。

（6）两人相距 6～8 米传球，要求力量不要过大，方向踢准。

（7）将学生分成若干队，每两队一组，踢迎面抛来的地滚球。每队第一人踢球后跑向队尾，迎面第一人将球接住，轻抛地滚球给对方第二人，然后回到队尾，第二人踢球后，迎面第二人再轻抛给对方第三人。依此类推，直至最后一人踢完，双方轮换做抛球人。

（8）面对足球墙，相距 10 米，在墙上靠近地面画 1 米宽、0.5 米高的球门，要求踢出的球踢进球门内，每人踢 10 个球，看谁踢进的次数最多。

2. 脚背正面踢球

（1）原地模仿练习，要求绷脚面，脚趾扣紧，体会摆腿及脚形的正确技术。

（2）上一步模仿练习，体会支撑脚站位与摆腿的配合技术。

（3）助跑 3～5 步对墙踢球练习，体会脚背正面踢球的完整技术。

（4）在足球墙距地面高 1 米处画直径为 1.5 米的圆，学生距墙 10 米向圆圈内踢球。每人只有一次机会，但踢进圆圈的可以连踢，看谁累计数量多。

（5）在场地上画若干直径为 2 米的圆，学生在距圆 20 米处踢高球，使其落点在圆内，看谁踢得准。

（6）同上练习，在学生与圆之间空中拉一皮筋，要求踢出的球越过皮筋，落点在圆内。

3. 脚背内侧踢球

（1）原地和上一步模仿练习，主要体会支撑脚的位置，身体向支撑脚一侧倾斜。

（2）助跑踢球的模仿练习，主要体会助跑方向和弧形摆腿的路线、方向及两腿的配合。

（3）两人相距 10 米，互相踢球练习。

（4）距足球墙 6～8 米，在墙上 1 米高处画圆，要求踢出的球踢进圆内。

（5）距球门 15～20 米踢定位球练习，要求踢球力量大，方向准确。

（6）在罚球弧附近分组进行射门练习，一组在门后捡球，看哪组进球总数量多。

4. 脚背外侧踢球

（1）原地模仿练习，踢球时脚面绷直，足尖内转，体会摆腿踢球的正确技术。

（2）上一步模仿练习，体会支撑脚站位与摆腿踢球的配合技术。

（3）原地反复轻踢实心球练习，体会脚触球的部位。

（4）两人一球，面对面进行踢球练习。开始可缩短距离，动作熟练后可适当加长距离，主要体会摆腿方向，击球点和摆腿的力量。

（5）踢弧线球射门。在正对罚球弧靠近球门处插两根相距 3 米的标杆，使射出的球绕过标杆进入球门。

三、停球技术教学与训练

（一）教学与训练的建议

（1）停球技术的教学，应从停地滚球开始，并应按照停地滚球、反弹球和空中球的顺序来进行。同时还应按照原地停、前迎停、转身停和顺势停的顺序，练习上述各种性质、状态的来球。

（2）在开始学习停球时，要让学生注意停球时的触球部位，身体和脚踝要适当放松，并要做好迎撤动作。

（3）在停球的刹那，身体重心要稳固地处在支撑脚上，以保证停球脚能自如地进行动作。

（4）要随时提醒学生养成停球前后观察周围情况的习惯，以便将球停在需要的位置上，为及时、正确地停球和加快进攻速度创造条件。

（5）要隐蔽自己的停球意图，以利摆脱对手的争抢。

（6）停球要与运球、传球、过人和射门紧密衔接，以适应快速进攻的要求。

（二）训练方法

1. 原地徒手模仿

练习体会动作方法，或在走动中和跑动中模仿练习，体会动作方法和要领。

2. 停地滚球

（1）两人一球，相距 10 米，一人用手抛地滚球，另一人迎上，用脚内侧将球停在体前或体侧方。

（2）两人相距 15～20 米，一人用脚内侧将球传给对方，另一人用脚内侧将球停住，同时用脚内侧将球回传。

（3）两组相距 15～20 米，一组的第一人用脚内侧将球传给对方，然后排到队尾，另一组的第一人用脚内侧将球停住后再用脚内侧回传。

（4）每人一球面对足球墙做踢球练习，将弹回的地滚球用脚内侧停住。

3. 停反弹球

（1）每人一球，自抛自停

当球抛起后可用脚掌、脚内侧、脚背外侧等部位进行停反弹球的练习。

（2）每人一球，自踢自停

用脚背正面颠球 2～3 次后使球落地，然后分别用脚掌、脚内侧、脚背外侧等部位进行停反弹球练习。

（3）两人一球，互抛互停

一人抛弧线球，另一人迎上，用脚掌、脚内侧或脚背外侧等部位停反弹球练习。

（4）两人一球，互踢互停

两人相距 20 米左右，中间插一标杆，互相传球，使球越过标杆。然后，练习用脚掌、脚内侧或脚背外侧停反弹球。

（5）三角传球

三人各相距 20 米左右进行三角传球，练习用脚掌、脚内侧或脚背外侧停反弹球。

4. 停空中球

（1）每人一球，自抛自停

将球抛起后用挺胸停球方法进行停球练习。

（2）两人一球，互抛互停

一人抛高空弧线球或平直球，对方用挺胸停球或收胸停球方法将球停下，再用同样方法回抛。

（3）每人一球，自踢自停

用脚背正面将球踢起，然后跑上前去，用挺胸停球法将球停下。

（4）两人一球，互踢互停

两人相距 25～30 米互相踢球，根据来球的高度，用挺胸或收胸停球法进行停球练习。

（5）停球比赛

两组相距 15 米左右为一队，一组排头将球传给对面后跑至排尾，另一组排头将球停住后传回对面，跑至排尾，依次进行，只准用规定动作停球，看哪组先做完。

四、头顶球技术教学与训练

(一) 教学与训练的建议

(1) 头顶球技术的教学、训练一般应按前额正面顶球和前额侧面顶球顺序进行练习，且应先做原地顶球、跑动中顶球和跳起顶球的顺序进行练习。而跳起顶球应先练习原地跳起，然后再练习助跑跳起。在这些顶球动作都能熟练地掌握之后再试做鱼跃顶球练习。

(2) 头部是人体最重要的部位，且容易受伤，一般人对用头去顶球存在一定程度的惧怕心理。因此，教师应首先讲明只要用头的正确部位去顶球，一般不会对人脑产生伤害，另外还应讲明头顶球在比赛中的重要作用。教师的示范动作要给学生以轻松自如的感觉，以消除其恐惧心理。

(3) 开始练习顶球时，要强调用头击球的时间。即当身体摆动到与地面成垂直状态刹那击球是比较理想的，并且要充分利用腰、腹力量和颈部紧张用力协调一致的配合以及注意养成目迎目送球的习惯。

(4) 要注意培养能够根据球的运行路线和选择的击球点及时移动到位以及掌握准确的起跳时间，并在预定的击球时间顶到球的能力。

(二) 训练方法

(1) 原地模仿练习，体会动作要领。

(2) 利用吊球做原地顶球练习，主要体会上体后仰，迅速前摆屈体和头顶球的部位。

(3) 两人一球，一抛一顶练习，主要体会顶球时机。

(4) 学生围成圆圈，中间一人抛球给周围的人，周围人依次把球顶回中间人。

(5) 学生围成圆圈，互相顶传练习，看哪个人的球落地数最少。

（6）三人一球，三角顶球练习，看哪三人顶球次数最多，可规定时间比赛。

五、运球与运球过人的教学与训练

（一）教学与训练的建议

（1）运球技术的教学应从推球和拨球前进开始，并伴以运球中常用的拨、扣、拉、推的技术动作，以建立脚对球的本体感受，使学生从中体会、掌握触球部位、动作力量和球的运动规律等，从而为有效地控制好球奠定初步的基础。在这个基础上，再按照直线运球、折线运球、曲线运球和直、折、曲线运球中结合进行拨、扣、拉等顺序安排，然后再进行运球过人练习。

（2）开始让学生练习运球时要在慢速中进行。做过人练习时要在没有防守过渡到消极防守中完成过人，并在这个基础上再逐步提高要求，加大难度，最后在积极对抗中进行练习。

（3）运球时应随时注意观察场上情况，以便根据临场情况及时地进行传球、射门或改变运球速度、过人等。

（4）要注意训练学生掌握两只脚都会运球和两只脚都能做过人动作的技术。

（5）运球接近对手时，步幅要小，触球要轻，以便能随时紧密地衔接下一动作。

（6）眼睛要看球并兼顾对手和场上情况，以备随时躲闪对手和改变方向、速度，及时完成传球、射门等动作。

（7）运球跑动要自然，步幅稍小而短促，重心要低，以便随时随意地进行动作。

（8）不论是运球时的推球，还是过人时的拨、拉、扣、挑的触球，用力都不宜过大，使球始终处于自己的控制之下。

（9）遇有对手争抢时，要用身体掩护球或距对手远侧的脚控制球。

（10）在做过人动作时，身体重心左右移动不能越过支撑点，以控制自身的平衡。

（11）在运球过人时，特别是在快速运球中改变方向的拨球、扣球过人时，还应考虑到"力的合成与分解"的力学因素，以便调整触球的部位和用力方向，从而保证拨、扣后的球能按预期的路线运行。

（二）训练方法

（1）在走和跑中用单脚或双脚交替运球，熟悉球性，体会推拨球的动作。

（2）学生成一路纵队，第一人运球绕过标杆后往回运，将球交给第二人后排到队尾，依次进行练习。

（3）学生成一路纵队，第一人向前运球，分别绕过前方 5～8 个实心球再往回运。依次进行曲线运球练习。

（4）一列横队，每人一球，按教师的口令或手势做由变向到变速、由运球到过人的运球练习。

（5）两人一球，做一过一运球练习。

（6）学生绕圈做各种运球、过人的练习。要求学生最好左、右脚对称依次进行。注意养成抬头运球习惯，努力做到人球兼顾、视野开阔，并强调学生在运球过人技术练习中，练、想、看、说能力综合发展。

六、掷外界球的技术教学与训练

（一）教学与训练的建议

（1）足球竞赛规则规定直接接到界外球者没有越位犯规。但是，足球规则对掷界外球技术动作规格却有着严格的规定。因此，掷界外球技术的教学、训练应先从原地并且又必须符合规则规定的掷界外球规格动作开始，再逐步过渡到符合规则规定的助跑掷界外球动作进行练习，进而再要求掷准、掷远。

（2）掷界外球违例最多的情况有两种：一是近距离掷球的动作不连贯造成动作分解；二是助跑掷远距离球时单脚离地。因此，要提醒学生防止违例是很重要的，尤其是在靠近对方罚球区附近时的掷球，否则就会轻易地失掉一次具有很大威胁的进攻机会。

（3）掷球的目标不要在球出手之前过早暴露，并且要选择对对方有威胁又便于同伴接球还有利于进攻的位置。

（4）在靠近对方罚球区附近获得掷球权时，要尽量缩短从球出界到掷球的时间，不给对方充分布防的机会，并且要由掷球距离远而准的队员来掷球。

（5）掷界外球时要面向出球方向，双手持球举至头后，两臂用力要一致，掷球动作要连贯，两脚均不得离地。

（二）训练方法

（1）原地或助跑3～5步，徒手掷球模仿练习。

（2）利用实心球做原地或助跑掷球练习。

（3）两人一球，相距8～10米，进行原地掷球练习。

（4）两人一球，相距15米左右，进行助跑掷球练习。

（5）掷准比赛。在前方画直径为0.5米的圆，前后共5个，每圆之间相隔2.5米，最远的圆距学生27米，最近的圆，距学生12米，向圆内进行掷准比赛，掷入最近的圆得1分，其次为2分，最远的是5分，比赛看谁得分最多。

（6）掷远练习。两人相距15米，在其背后20～25米处各划一条胜负线，一人开始掷球，对方需从球的落点处往回掷，反复进行，先掷过对方胜负线者为胜。

七、假动作的教学与训练

(一) 教学与训练的建议

(1) 运动员在比赛中运用假动作是为了隐蔽自己的真实意图，而能使对手信以为真并做相应反应而移动其身体重心的假动作，必须做得形象、逼真才能产生效果。因此，假动作是以相应的真动作为基础，假动作的教学、训练必须在学生已经比较熟练地掌握了相应的技术动作的基础上进行安排，并要结合在无人防守、消极防守中练习和掌握各种技术动作，进而在积极争抢练习中运用和提高。

(2) 假动作只是一种手段，而不是目的。因此，不要盲目滥用，要杜绝那些华而不实、延误战机的假动作。

(3) 假动作没有统一规格，可以结合各种技术动作创造适合自己特点的假动作。但是，做假动作时保持自身的平衡，并且动作之间的衔接快而协调，是运用假动作能够达到其目的的不可或缺的条件。

(4) 假动作必须做得形象而逼真，使对手信以为真而做出相应移动其身体重心的反应。从而才能达到调动、摆脱对手的目的。

(5) 要恰当地掌握假动作与真动作的衔接时间。当假动作使对手产生相应反应而暴露出空隙时，由假变真的动作要突然，使对手来不及做出下一个反应动作。

(6) 使用假动作要能够随机应变，做到假中有真，真中有假，变假为真，使对手真假难辨，防不胜防。

(二) 训练方法

(1) 运球中变速、变向（无人防守）练习。

(2) 二人一组，1 对 1 防守者只堵不抢，而运球者做向左（右）晃右（左）拨的练习。

(3) 二人一组，相距 5~6 米，甲传球给乙，乙接球对甲运球，当与甲接近时做左晃右拨过甲的练习，然后转身把球传给甲，甲也做同乙相同的练习。

（4）二人一组，相距 5～6 米，甲传球给乙，并快速起动去抢乙控制的球，乙佯做踢球而把球停下来。

（5）二人一组，相距 810 米，甲抛球给乙，并快速起动去抢乙准备接的球，乙佯做顶球而用胸把球停下来，也可以佯作用胸停球而把球顶出去。

八、射门技术教学与训练

（一）教学与训练的建议

（1）要有强烈的射门欲望，只有射门才能进球。在摆脱防守时要果断起脚射门；在没有完全摆脱防守时要充分利用一切稍纵即逝的空隙射门；要敢于面对防守，强行突破射门。

（2）要善于捕捉战机，射门的机会要靠自己去创造。要善于跑位，主动与同伴形成配合；要不厌倦地跑动，及时地跟进包抄抢点射门；要利用防守的一切弱点和漏洞，完成快速射门。

（3）要有过硬的射门能力，射门是攻防双方的焦点，对球员的技术动作和战术意识都有极高的要求。除了要练就娴熟准确的脚法以外，还要具有在短时间内、对抗的状况下选择最佳射门角度，采用最合理射门方法的能力，射门果断利落。

（二）训练方法

（1）距足球墙 6 米左右，在墙上画 1.5 米高、2 米宽的长方形为球门，进行射门练习。

（2）每人一球，在罚球弧附近进行射门练习。

（3）在罚球点附近插两根标杆，进行射门练习，要求射出的球从标杆两侧绕过。

（4）自己快速运球，跑动中射门练习。

（5）两人一球，一人向侧前方传球，另一人跑上去射门。

（6）三人一球，一人底线传中，另两人跑上去射门（可用头球射门）。

（7）学生 6～8 人一组，利用角球进行射门练习，必须用头顶球射门。

（8）射门比赛练习，10 人一组，在罚球弧顶射定位球，看哪组进球数最多。

第三节　战术教学与训练

足球战术是指在足球比赛中，为了战胜对方，根据主客观情况所采取的个人行动和集体配合的方法，可分为进攻战术和防守战术两大类。在进攻战术和防守战术中都包含个人和集体的战术。比赛的实践已证明：成功地组织战术和巧妙地运用战术是夺取比赛胜利的重要因素，做到扬长避短才能克敌制胜。本节对足球运动战术训练技巧教学实践进行分析。

一、足球战术教学概述

（一）战术教学的步骤

足球战术教学一般应该遵循从个人到局部，从局部到整体，从非对抗到对抗的循序渐进原则。一般采用的步骤如下。

（1）讲解与示范。首先要用确切简练的语言讲明战术名称、概念、方法和各个战术环节的具体要求，然后组织学生进行演示，也可采用边讲解，边演示的方法。

讲解和示范时，可利用黑板、挂图、沙盘、棋盘录像等教具。

（2）无球情况下的战术配合练习。在无球情况下，让学生熟悉配合中的跑动与传球路线，速度可慢一些，在练习中结合学生情况提出具体要求。

（3）非对抗情况下的战术配合练习。当学生熟悉配合路线后，应在非对抗情况下练习。有些难度较大的配合可先用手代替脚传球，防守可用标志物代替，要逐步加快配合速度。教师既要按照全队整体战术要求设计练习，又要注意发挥队员的创造性。要求队员以实战精神状态投入训练，发展各位置间、各条线间的了解和默契联系，增强和不断丰富整体战术意识，了解和掌握多种战术打法形式，有意识地根据本队特点逐步形成本队的基本战术打法与风格。

（4）在对抗情况下战术配合练习。在对抗练习中，一般先练习进攻战术，后练习防守战术，随着进攻战术配合熟练程度的提高，相应提高防守的要求。开始练习时，可在消极防守或消极进攻情况下进行攻守战术配合练习，待配合比较熟练后，逐渐增加对抗的程度，达到接近比赛条件下的各种组合练习，从人数来说，可先以少防多，继而攻守人数相等，最后以多防少。

（5）在比赛中练习。首先在教学比赛中练习，在比赛中应有明确的要求，有目的练习某些战术配合。在场上出现典型的战况时，教师可暂停比赛，做战术配合的讲解与示范，但暂停次数不宜多，否则影响比赛练习的效果。

正式比赛中，可根据不同性质和任务，在赛前提出重点运用某些战术与要求，在有条件时还应提出定量指标，有利于检查总结。

（二）足球战术练习法的组合要素

在足球战术教学练习中，教师应该根据教学训练对象、战术练习的任务以及场地器材条件等来选用和设计练习方法。但是，只有了解与掌握了战术练习方法的组合要素及其作用，才能更好地选用和设计针对性强、符合本队情况的练习方法。

1. 场地要求

（1）小场地要求：有利于练习短传配合，提升灵敏素质和随机应变能力。

（2）大场地要求：有利于练习长传配合、运球突破能力和耐力。

（3）狭长的场地：有利于培养队员斜直传球的渗透能力。

（4）宽短的场地：有利于培养队员利用场地宽度和转移传球的意识。

2. 球门设置

（1）一个球门：如半场攻守练习。双方攻守固定，没有攻守的转移，队员只能发展一方面的能力。

（2）两个球门：攻守不断转换，攻守能力均得到提高。

（3）四个球门：如每条端线上放两个球门，间隔 15～20 米，由于进攻点多，有利于培养队员突然转移进攻方向的能力和防守中随机应变能力。

（4）大球门：如以端线作为球门或半场边线作为球门，有利于培养队员充分利用场地宽度和防守时补位和保护意识。

3. 对抗程度

（1）消极进攻：协助防守队员训练，培养防守队员选位与保护意识和进攻队员转移传球能力。

（2）消极防守：有利于练习进攻套路配合。

（3）积极进攻与积极防守：培养队员攻守实战能力。

4. 位置组合

（1）相邻位置人员组合：有利于形成局部熟练默契的配合。

（2）全队组合：有利于培养队员整体意识。

（3）特殊组合：如练习角球战术、前场任意球战术。

5. 人数多少

由少到多，人数越多越难。要求战术意识越高，时空感越强。

6. 中立队员

可培养进攻的组织者与核心队员，如规定范围的以多攻少练习。

7. 攻守方向

（1）无球门：可发展队员的控球能力与拼抢能力。

（2）有球门：可发展队员技、战术运用的目的性及防射门能力。

8. 触球次数

有利于培养队员的观察力，快速传球能力和提高进攻速度。

9. 设置器械或限制线

如利用标志杆、标志墩、白线或场地某区域，作为练习时的目标与范围，有利于培养队员观察力和提高练习的要求。

10. 守门员参与

有守门员守门可增加攻守整体观念和提高前锋的观察能力及射门能力。

二、足球基本战术教学与训练方法

战术教学训练的内容，可以归纳成两类。

第一类包括个人战术、局部战术和整体性的小型分队战术。这一类战术是每一个球队必须掌握的，即使是高水平的球队。

第二类是成队战术和定位球战术。这一类战术要从本队的实际出发点和参加比赛的需要，进行设计并训练。球队想要在比赛中成功地打出成队战术与定位球战术，一方面必须熟练地掌握这些套路并能灵活运用，另一方面必须娴熟地掌握与运用第一类战术。第一类战术的训练是第二类战术训练的基础；第二类战术训练是第一类战术训练的延续与发展。进行战术教学训练时，特点是上述第二类战术教学训练，必须遵守比赛的原则和个人战术戒律等。足球训练是一种综合性训练，即把技术、战术、身体素质、作风、心理诸因素的训练融为一体。激烈争夺的比赛中每完成一次精彩战术的配合，都离不开优异的技术、良好的身体素质与顽强勇敢的拼搏精神。因此，战术训练，特别是对抗性的战术训练，必须揉进上述诸因素，并应提出严格要求，才能不断提高战术训练的质量。

（一）战术教学训练的内容

战术教学训练包括个人的、局部的、整体性小型分队的、成队的、定位球五种，而每一种战术又有进攻与防守两个方面。

1. 个人战术的教学与训练

技术在比赛中的运用即为个人战术。技术运用于比赛中就单纯是按动作规格完成动作的问题，而且具有战术的目的，技术与战术具有内在的联系，两者是不能截然分开的。因此，个人的战术训练要紧密结合技术的训练，技术训练中应提出战术的要求，如运球过人的教学训练，开始时教某一运球过人的技术动作，当有一定基础就应提出运用上的，即个人战术方面的要求。它比赛中什么情况下该用这一运球过人动作，什么情况下不该用，过人之后又该怎么办等。由此可见，这不单是一个运球技术动作的问题。

任何一个技术动作应用于比赛中都有上述的战术内容。应该指出，虽然技术与个人战术具有内在联系，训练不能截然分割，但在训练的某一段时间或一堂课的训练中，侧重于技术或战术的要求仍是应该的，这要根据训练的任务来决定。

2. 局部战术的教学与训练

局部战术的教学与训练，除开始时就应明确跑动传球的路线外，要特别注意提高个人战术的意识。如某一传切配合，用什么动作方法摆脱，跑位在什么时候该突然加速，传球队员如何与跑位队员在传球时机、落点、力量上配合默契，这些都应不断反复地进行训练。局部战术作为一种基础，球队的每个队员都应进行训练，特别是青少年队的训练。局部战术是成队战术的一个组成部分，进行成队战术训练时，应经常拆成几个局部进行训练，并应反复练习这一配合。

3. 整体性小型分队战术的教学与训练

当个人战术、局部战术有一定基础后，即可进行整体性小型分队战术的教学与训练。这种战术训练最基本的内容是1对1、2对2、4对4、8对8。整体性小型分队战术教学训练1对1是训练个人的攻守能力；2对2是攻守战术配合基础的训练，进攻的二人要接应、支援、插上等，防守的二人要盯人、保护与补位等；4对4是攻守战术阵形的训练，4个人就可分成前锋队员、前卫队员、后卫队员，有了这三条线就有了阵形的雏形，就可以进行阵形的基本战术要求训练；8对8是4对4的扩展，战况变化更多，更接近于正式比赛。整体性小型分队战术除上述基本内容外，也可3对3、5对5、7对7以及人数不等的2对3、4对5等内容。运用整体性小型分队战术训练，要防止单纯地用以提高兴趣，赛出胜负。

4. 成队战术的教学与训练

每一个球队都应有几套行之有效的成队战术配合，并要长期反复地训练达到队员之间配合默契，应用熟练。同时还要有与之相匹配的应变战术，以应付比赛中变化万千的战况。成队战术的训练开始时应拆成几个局部，在局部战术熟练的基础上再合并成套进行训练，成套练得熟练后再练应变的战术。在制订成队战术时应考虑到本队队员技术、身体素质等方面的实际能力，并结合本队比赛中采用的阵形，以及与本队的正选阵容相结合。同时，还应考虑替补队员的位置，以使平时训练参与的队员就是上场参赛时的角色。

5. 定位球战术的教学与训练

定位球战术的训练主要是任意球、点球与角球。而任意球又以门前30米范围内的直接、间接任意球为主。定位球战术配合要根据本队队员的技术与身体素质，进行设计和训练。

（二）足球场上位置职责

1. 边后卫

边后卫的主要防守职责是防守边翼，并根据球的位置和教练员所决定的防守战术去行动。

首先，严防边路通道。防守对方的边锋或者进入边锋位置的其他队员，首先需要占据有利位置，站在内线，比对手更接近自己的球门，与对手保持适当的距离——上前能截球，转身向后能先于对手靠近球，将运球的对手往边路挤，以缩小其活动范围，在内线紧跟移位对手（直至与同伴交换看守对象）。

其次，识别对手特点。对善于运球突破的对手，要提前防守并与对手保持一定距离，机动灵活采取防守手段。由于对手的进攻行动是变幻莫测的，而一旦识破对手的进攻意图就应该根据比赛的实际情况，果断地采取行动。封锁边路通道，保护球门免遭对手的攻击是防守的核心，也是边后卫的重要任务，为此必须：防守同侧边锋（包括临时边锋）时，可以采取"堵内放外"的原则，切断对手内切直达球门的通路；当对手突破自己而中后卫补位时，应积极地进行交叉补位，弥补中路空隙；对手在异侧边路进攻时，应该"放边保中"，随时弥补中卫防守上的漏洞和抢断对手长传转移球；对方在中路进攻时，在人球兼顾的前提下，适当向中路收缩，随时准备弥补中卫防守上的漏洞。

最后，参与制造越位。一般情况下，边后卫的位置不要落在自由中卫的后面，需要运用造越位战术时，边后卫压出应快速，切忌因落在后面而导致造越位战术的失败。

提高边后卫的进攻质量对于确保攻守平衡和增强全队的进攻力量具有重要意义。首先，迅速发动进攻。其次，接守门员发球。再次，参与中场的组织进攻。最后，担当临时边锋。

2. 突前中卫（盯人中卫）

突前中卫（盯人中卫）作用主要如下。首先看守突前中锋，这是突前中卫的主要任务，为此必须：占据有利位置；力争占据内线靠近球的侧；与对手保持合适的位置；将运球对手往边路挤，以缩小其射门角度；只要有可能接球并对球门产生较大威胁时均应紧逼，反之则可重点扼守门前中路或与同伴交换看守对象。其次，识别对手特点。不给对手个人突破、组织进攻等诸方面的能力与专长的发挥，以最大限度削弱其进攻危险性。再次，机动灵活抢夺。抢夺要见机行事，既不能让对手舒服接球，又不能盲目贴身乱扑。同时要十分重视展开积极的空中争夺，以削弱对手的头顶传射威力。最后，向后交叉补位。当自己抢断失败，自由中卫上去阻截企图突破的中锋时，突前中卫应迅速为自由中卫进行补位，以便重新形成双层防线的局面。

突前中卫（盯人中卫）还会参与到进攻中去，虽然主要任务是防守，但是，一旦战术时机成熟，就应该参加进攻。具体任务：抢得球后，可以将球传给边卫、前卫或前锋来发动进攻；在中场接应同伴传球，组织进攻，加强中场进攻力量；战机成熟的时候，可以直接投入一线进攻，并力争射门。进攻结束必须迅速回位。

3. 自由中卫（拖后中卫）

首先是防守。处于3名后卫后方的要害地域，是防守的可靠后盾，阻截直达球门的通路是主要职责。为此，需要根据球的位置和双方攻守的情况，积极选好位置，随时准备对付各种可能出现的复杂局面。其主要作用包含了下面六点：驻守防区，截获传球；抢断渗透性直传球，弥补门前空当；阻击离开自己基本位置的插上"奇兵"；机动保护，及时补漏；掩护进攻，弥补空当；居后指挥，稳固防守。攻：居后接应配合；突然插上进攻。自由中卫通常无专人盯逼，突然出现在对方门前颇有威胁。主要采用长距离运球突破，结合2过1配合的方法，力争射门。进攻结束必须迅速回位。

4. 组织型前卫

首先，组织进攻。在中场随时准备摆脱防守，接应同伴，充分发挥组织者的作用。

其次，控制节奏。根据比赛临场情况决定进攻的速度和节奏，选择有利的传球时机与传球点。

再次，威胁球门。当中锋拉边或回撤，边锋里切或回撤，则应以突然地快速插上或套边占领空当，接获同伴传球，并依靠个人突破或二过一配合完成射门。

最后，积极防守。本方一旦丢球，就应立即转为防守，着重注意对口盯人，在中场延缓阻滞对方进攻，同机抢夺，随着对方进攻的推进而撤退到本方门前防卫。

5. 防守型前卫（后腰）

首先，对口盯人。通常盯防对方的"二中锋"，抑制其进攻的威胁。

其次，机动防守。根据临场的不同情况，在罚球弧前面的中场地带，采用盯人与区域防守完成各种防守任务。

再次，及时补位。中路防守上出现漏洞时，应及时弥补中卫的空隙，封锁攻门的通道。一旦由守转攻，一侧前卫插上进攻时，亦应占据插上前卫留下的空当，以免中场脱节。

最后，伺机进攻。进攻的主要任务是负责前后左右的接应，以及灵活地转移进攻方向。但是，一旦出现良好的战机，也应该及时插上进攻和远射。

6. 进攻型前卫（前腰）

首先，制造空当。通过无球跑动，在两肋策动，吸引对方注意力，从而打开缺口，为同伴利用中路空当，进行转移传球或运球突破创造有利条件。

其次，组织进攻。在中路控球时，应当发挥组织进攻的作用。尤其是当前卫、边后卫插上助攻时，应为其提供有威胁的传球。

再次，攻击球门。善于利用中锋为墙做 2 过 1 突破，攻击对方球门。

然后，边锋里切拉出边路空当，前卫套边替代边锋进攻职能。

最后，积极防守。本方一旦由攻转守时，要积极追赶和盯防就近的对方控球队员，延缓对方进攻，并积极参与门前防守。遇到中场指挥者和防守前卫出击时，则应在中场保护以确保中场优势。

7. 前锋

首先，积极射门。在对方门前运用带球突破、空切突破、中路包抄、争顶高球等积极射门。其次，扯动看守。通过无球跑动，扯动防守者，制造空当，为同伴突破与射门创造空隙。再次，传球配合。位于全队最前方，采用传切，顶球摆渡，墙式 2 过 1 配合等，为同伴创造突破与射门的机会。最后，积极反抢。失球后立即反抢，争取将球夺回，或者破坏对方第一传，延误对方的反攻。

8. 边前卫

首先，侧翼进攻。通过带球突破或配合突破，打开边路缺口，进行传中或射门；通过有球或无球的活动，扯动防守，拉出边路空当，让前卫或后卫插上；中路或异侧进攻时，拉边牵制防守，并随时准备接应转移传球；大范围交叉换位，起到另一侧边锋的作用。

其次，中路进攻。内切中路，进行配合突破或射门；与中锋交叉换位，起到中锋作用；异侧边路传中，及时包抄射门。

再次，积极防守。由攻转守时，紧盯"自己的后卫"，不让其自由助攻；必要时积极参与中场或后场的集体防守；当对方罚角球或罚球区附近任意球时，要积极参与门前防守；但本方边后卫出击时，应临时代行边卫之职。

第四章　足球运动心智训练

心智训练实施内容主要是由两个部分组成，即运动心理训练实施内容和运动智力训练实施内容。心理学认为，运动智力是心理的重要组成部分；训练学认为，运动智力是一种重要的竞技能力要素，它与心理活动仍有不同，特别是球类运动的运动智力要素往往显得更为重要，运动智力水平的高低与正确解读比赛进程和提升战术意识高度关联。本章主要介绍运动心智训练实施内容。

第一节　心智训练概述

一、心智训练理论的观点体现

（一）心智训练理论提出的心智含义

心智的实体是独立的、非物质性的、和人类的物质属性相平行的。它有自己的本质属性，用它自己独特的方式运作，而且在人类的二元概念——心智和身体中占有主导地位。自然物质像岩石、建筑、植物、动物等有它们的特点，如时空的拓展、长度、宽度、厚度或质量。相比之下，心智物质没有长度、宽度、厚度或质量等这些特征。但它们也是真实存在的。从某种意义上讲，人类被看作物质和精神的统一体。然而，身体和心智大脑有各自不同的本质特点，它们之间不存在共同的特征。

（二）心智训练的中心观点

根据"心智训练"的学说，人是积极的理性的动物。教育是训练心智大脑的过程，而心智大脑是作为人的最本质的部分。在训练的过程中，人的心智能力被加强和提高了，就像锻炼人的臂膀会发展二头肌的强健的肌肉一样，心智的训练会使人更有力量。

心智训练的中心观点是：大脑被想象成一种非物质的存在，如果不去训练使用，就始终处于睡眠状态。心智能力如记忆力、注意力、推理能力和意志力等都是"大脑的肌肉"，就像生理学中提到的人的肌肉一样，必须通过锻炼才能增强肌肉力量。在足够的锻炼以后，肌肉就可以自动地进行各种操作。因此，学习就是一种锻炼和加强心智能力的活动，这些能力组合在一起就可以产生智力行为。

二、心智训练基本内容

现代竞技运动的发展趋势表明，竞技运动的心智训练，对于提高整体竞技能力水平，特别是对重大赛事优异运动成绩的创造和取得，具有十分重要的意义。许多优秀运动员的成长历史证明：良好的心理素质和聪慧的智力水平，是这些运动员能够获得优异运动成绩的心智保证。

严格地说，心智主要是指运动心理和运动智力两个部分的基本内容。运动心理是指运动员或教练员的大脑对运动训练和竞技比赛的客观世界的主观反应，这种反应主要通过感觉、知觉、表象、记忆、想象、思维、感情和意志等多种多样的形式表现出来的。因此，运动心理的训练实际上主要是对上述感觉、知觉、感情和意志等主要构成要素的训练。尽管人格不属于心理过程现象，但是人格也是一种心理现象，并在一定程度上通过心理过程表现出来。因此，心理训练实际上也包括人格的训练。可见，认识和掌握运动心理训练内容的意义何等重要。

智力是指人认识客观事物并运用知识解决实际问题的能力，运动智力是指运动员在竞赛或训练中运用基础理论和专项理论知识，认识运动竞赛和运动训练的一般或特殊规律以及解决实际问题的能力。运动员运动智力主要是观察力、记忆力、思维力、注意力和想象力要素组成。其中观察力是指对事物的观察能力，例如通过观察发现对方弱点或特点，以便想出有效对策；记忆力是识记、保持、再认识和重现过去成功或失败的内容和经验的能力；思维力是运动员对比赛进程各种现象能够概括的反映能力，例如准确解读比赛就是思维能力的良好表现；注意力是指对于比赛过程的关注程度的能力；想象力是运动员在已有形象基础上，在头脑里面创造出新形象的能力，它是创造力的重要基础。

三、心智训练辩证关系

一般而言，从竞技能力训练的角度看，运动心理和运动智力是心智训练的主要内容。运动训练高级阶段的表现特征之一，就是运动员的心智成熟。运动员心智成熟的表现特征，一是尊重对手；二是严己宽人；三是重视过程。换言之，优秀选手高度重视平时训练、赛前准备和比赛预案；很少出现恃强凌弱的表现；对待自己精益求精，严格要求；胜利之时谦虚谨慎，面对挫折勇担责任；对待他人宽容有量，善于沟通；平时训练不仅高度重视训练内容的针对性和运动负荷的有效性，而且十分重视训练过程的连贯性和训练质量的严格性。心智成熟的运动员考虑的不是比赛结果，而是为此努力的训练或比赛的过程。他们深知运动训练的过程决定最终结果、运动训练细节决定最后胜败的道理。

心智构成要素的多样性特点是运动心智的首要特征。这一特征集中反映了竞技运动心智因素的复杂性和多元性特点：多样性特点说明心智构成因素是多种多样的，某一心智因素的特征不能以偏概全地替代竞技运动心智特征的全部，更不能由此推论视为整个竞技运动的特征。同样，某一领域或某一学科对竞技运动心智的某一方面研究所取得的成果，只能反映某一竞技运动心智的某一方面研究的进展而已，不能将其视为整个竞技运动的特征研究。竞技运动心智能力多层次要素提出的目的，主要是客观揭示竞技能力心智结构中基本要素的多样性特点，着重反映专项竞技能力结构内部的复杂性和多元性特征，旨在提醒心智训练或心智科研过程中出现挂一漏万或以次充主的不良现象。

心智构成要素的类别性特点是运动心智的第二特征。这一特征集中反映了竞技运动心智因素的类别性和逻辑性特点。类别性特点说明心智因素的类别性质及其关联是不容忽略的，揭示心智结构因素的类别特点，主要是为了客观地认识各个心智要素的性质。例如，运动心理的训练与研究，必须针对民族特点和文化背景以及运动员的成长经历方可有效获取数据；运动智力的训练与研究，则要不断深入比赛实际和深刻认识专项特征的途径，学习和掌握运动训练的科学理论，采用多种智力开发和训练的系列方法，方可有效形成战术对策。显然，运动员的智力开发难度较大。因此，智力的发展与提高必须依靠多种学科支持方能实现，运动心智的发展与提高必须从逻辑性角度系统进行方可实现。

心智构成要素的专项性特点是运动心智的第三特征。这一特征集中反映了竞技运动心智因素的专项性和目的性的特点。专项性特点说明心智因素尽管具有多样性和类别性特点，但是不同运动的心智特征，影响着不同专项的运动特征。各个专项特征实际上是蕴藏在心智要素的特征中。换言之，专项心智各个要素的影响作用或影响权重，实际上影响着专项竞技能力特征，甚至影响着竞技运动特征。例如，射击运动心智要素中，情绪稳定和注意稳定的影响权重远比其他项目更为重要；对抗性运动的智力要素的影响权重要比体能类项目更为重要。因此，我们必须抓住专项运动的心智主要因素训练。专项性特点提示我们，心智各个因素的发展，必须从专项的目的性角度系统地发展和有效地提高。

第二节　足球运动智力训练

一、运动智力训练概述

智力是指人认识客观事物并运用知识解决实际问题的能力。它集中体现在反映客观事物深刻、正确、完全的程度上和应用知识解决实际问题的速度和质量上。运动智力是指运动员在竞赛或训练中运用基础理论和专项理论知识，认识运动竞赛和运动训练的一般或特殊规律以及解决实际问题的能力。运动员的运动智力主要反映在观察力的细微性和准确性、记忆力的清晰性和持久性、思维力的敏捷性和逻辑性、注意力的集中性和合理性、想象力的丰富性和联想性上。显然，运动智力训练是指在运动训练过程中有目的、有计划地提高运动员智力水平的过程。其中，思维训练是智力训练的关键内容，它不仅直接影响着深刻认识运动训练内容的深度，而且深刻影响着正确解读复杂比赛的整个进程。

运动员的训练过程和参赛过程，不仅是身体运动的活动，而且也是思维过程的活动。运动智力的表现，并不像运动素质、运动技术和运动战术那样显现。因此，运动智力的训练很难像运动素质、运动技术和运动战术那样令人瞩目。不过，优秀的教练员深知运动素质、运动技术和运动战术方面所表现的身体能力，实际上是运动智力的载体。运动智力可以通过身体的运动能力及其表现反映出来，甚至某些竞技能力（身体运动能力），如运动战术，必须依靠运动智力才能合理地表现。由此可见，训练或参赛行为本身一直受着运动智力因素的制约，并受着思维力的支配。其中，技术的灵活运用、战术的灵活多变正是思维力因素在起作用。因此，智力训练是运动训练工程必不可少的重要组成部分。

智力是保证人们有效地进行认识活动的稳定心理特征的综合，其基本内容结构主要由五大基本要素组成，即观察力、记忆力、思维力、注意力、想象力。运动智力是智力类型中的一种特殊智力。运动智力的形成、发展与成熟，主要通过四条途径实现目的：一是不断地深入学习文化知识；二是不断地践行专项运动理论；三是不断地提升专项运动意识；四是不断地探索训练创新方法。因此，必须深刻认识运动智力的结构及其要素，必须深刻了解运动智力形成、发展和成熟的四条基本途径。

二、智力训练基本途径

（一）不断深入学习文化知识

不断深入学习文化知识是智力训练的首要途径。智力训练与知识掌握是分不开的，这是因为知识的掌握是智力发展的基础，而智力的发展又是知识掌握的必要条件。因此，智力的提高需要在掌握知识和运用知识的过程中有意识地培养。文化学习是智力训练必不可少的重要途径。文化学习的最大功能是，有利于培养运动员逻辑思维能力与获得科学文化知识，有利于掌握竞技运动实践方法的基本原理，有利于全面认识竞技能力及其发展的基本理论。因此，教练员需要遵照教育和教学规律，在传授基础知识和专项知识体系的过程中，注重基本概念、原理、原则等规律性的教学，注重各类知识间的逻辑关系。教练员要善于利用各类现代化的教具，以提高运动员的各种观察能力和分析综合能力。

（二）不断践行专项运动理论

运动理论知识包括基础知识和专项知识。基础知识主要是指对运动行为起根本作用的理论知识，主要包括：属于生物科学的运动解剖学、运动生理学、运动生物力学、运动生物化学、运动医学、运动免疫学等；属于社会科学的运动心理学、运动教育学、运动美学、体育哲学等；属于工程科学的运动训练学、运动竞赛学、运动技能学、运动体能学等；属于数学科学的运动测量学、运动统计学、运动符号学等。这些基础理论是高级教练员和运动员必须具备的知识，也是运动科学赖以发展的理论依据。专项知识主要是指对训练效果和运动成绩起直接作用的知识，它主要包括技术分析、战术理论、竞赛规则及训练方法等。由此可见，运动智力训练就是不断地学习和系统地践行这些理论。

（三）不断提升专项运动意识

意识是指人的头脑对于客观物质世界的反映。专项运动意识是指运动员对专项运动的认知。由于运动智力是以身体运动作为载体，因此专项的运动智力不仅需要强化文化知识学习和强化专项理论研究，更重要的是必须强化专项运动的实践，以此不断提升专项运动的运动意识。因此，运动员的智力训练，应注意不断总结个人经验，提高运动实践水平，这就要求训练过程必须加强形象思维和逻辑思维的演练，以便建立牢固的动力定型和灵活的战术变化。良好的专项运动意识是运动智力思维能力科学训练的结果；良好的专项运动意识既是多次参加重大赛事的经验提炼，也是训练过程的质量反映。由此可见，运动素质、技术、战术的训练过程，渗透着专项运动意识的科学培养和系统发展。

（四）不断探索训练创新方法

运动智力说到底就是运动训练或运动竞赛中解决实践问题的能力。显然，发现问题是运动智力训练的前提，寻找对策是智力训练的目的。因此，智力训练的关键是不断地进行思维创新、观念创新和方法创新。许多项目年龄较大的优秀运动员之所以不断创造优异成绩，甚至不断延长运动寿命，就是这些运动员及其教练员团队，坚持思维创新、观念创新、理论创新和方法创新。换言之，就是能够发现问题、分析问题，最后找到解决问题的方法。这些优秀运动员正是善于总结过去，善于发现现实，善于规划未来，才不断地进步和发展；这些优秀运动员正是善于解读残酷的比赛进程，善于分析竞争对手的特长与特短，才能找到克敌制胜的方法，才能自觉、主动、积极地实现方法和技术创新。

三、运动智力训练方法

如前所述，智力训练的内容是多方面的，但核心内容是思维训练。因此，这里阐述的要点仅是提高智力水平的核心要素，即思维力的训练方法。

（一）语言表达法

语言表达法是智力思维训练最基本的方法。正确地使用语言，不仅可以有效地传授知识，并且可以有效地发展运动员的积极思维能力，加深其对训练内容的理解程度，培养其分析问题和解决问题的能力。在运动训练中，运用语言表达法的形式有讲解、语言评议、口头或文字汇报以及默念与自我暗示等。其中，文字形式可有效促进运动员积极思维，特别是对运动员思维逻辑性的培养效果显著。在实践中，定期地安排运动员写出读书笔记或训练日记是此方法的具体手段。默念与自我暗示也是思维训练的作业方式，由于第一、第二信号系统有一定联系，无声语言可在头脑中反映即将进行的动作过程，也可在一定程度上表述动作的外在特征，因此采用此法有利于提高形象思维能力。

（二）正误对比法

正误对比法是指通过讲解、示范或图片分析、录像分析方式，将错误与正确的技术、战术进行对照、比较、分析的方法。采用此法可以有效地提高运动员逻辑思维的鉴别力、判断力，加深对正确动作的认识和有效预防错误动作的发生。在实践中，正误对比法有许多形式可以采用，如可以将动作过程用语言来描述，教练员将一组正确与错误的语言描述进行对照比较，启发运动员的鉴别能力；或者采用影视录像、系列图片或示范形式，将一组正确和错误的动作、技术或战术，展示在运动员眼前，以提高运动员形象思维的鉴别力和判断力。总之，正误对比法是培养运动员逻辑思维和形象能力的一种好办法，许多富有成效的教练员都很善于运用此法系统、科学地提高和运动员的运动智力水平。

（三）表象排练法

表象排练法是指将自己感知的技术、战术，通过表象重现和想象，使第一、第二信号系统高度紧密结合的方法。它有利于形象思维与抽象思维能力并举相长。表象排练法的具体做法多种多样，效果显著的有对比表象、听讲表象和偶像表象方法：对比表象是将自己的错误与正确的动作从头到尾仔细想想，然后对比分析，找出错误原因所在，确定纠正的具体办法；听讲表象是教练员讲述正确动作方法后，让运动员在脑海里重述动作方法，并试图显示动作过程，有条件的话可让运动员用笔试画一番；偶像表象是请运动员将自己较为熟悉且动作做得正确的其他运动员作为动作学习的偶像，想象中模仿并同他一起做技术动作，从开始到结束，反复进行，如有可能可让其口述偶像运动员动作特点。

（四）引进植移法

引进植移法是将其他专项的先进理论、技术动作、战术打法，通过自己的头脑分析、加工、改造、设计出适合本专项特点的理论、技术与战术。引进植移法对提高运动员的思维创造力有独特功效。引进植移法分为动作植移、战术植移和理论植移：动作植移是指借鉴非专项运动的技术特征，力求赋予专项的动作形态，如排球运动的时间差动作就是植移篮球运动的篮下虚晃投篮技术；战术植移是借鉴非专项运动的战术打法，力求赋予专项的战术形式，如排球运动的前交叉快球就是植移篮球运动的掩护战术；理论植移是借鉴优势项目的先进训练理论，指导同类运动项目的训练或比赛，如游泳训练的无氧阈概念及其理论，目前已经成为划船、自行车、中长跑等运动项目的科学训练指南。

（五）求异创新法

求异创新法也是运动训练中提高运动员思维能力的重要方法，此方法有助于培养运动员的思维创造性。其中，对思维训练价值较高的有对比求异、组合求异和改造求异等方式：对比求异是指将两种以上类型相同但细节有异的技术、战术进行对比，寻求它们的同异处，加深对细节的认识，从而为在比赛中灵活运用技、战术奠定基础；组合求异则是利用事物的不同部分进行科学组合，教练员可以用不同动作的组合变化来丰富运动战术的变化或提高运动员求异创新的思想和方法；改造求异是指通过捕捉一些非正规但实效好的变异动作，并加以改造，使之成为以后比赛出奇制胜的运动技术。在实践中，教练员只要善于启发运动员研究，不仅可以丰富其专项技术种类，而且可以有效地提高其智力水平。

（六）生疑提问法

生疑提问法是为了培养运动员具有积极探究态度和积极的思维能力而提出的一种方法。在实践中，采用此法主要有如下两点技巧：一是寻求原因，教练员不仅要善于培养运动员"勤练"的精神，而且要注意培养其"好问"的习惯，使其不论在接触新事物还是旧问题时，都具有探究的态度；二是寻求规律，任何事物都有其自身的发展规律，而这些规律又隐藏在现象的背后，教练员要善于通过生疑提问的过程和步骤，引导运动员透过现象看本质。应当说明，生疑提问是受问题的现实性和复杂性制约的。提问的问题和答案越具有系统性，运动员思维过程也越具有条理性。因此，有计划、有逻辑地进行生疑提问是运用此法的关键。当然，这一方法要求教练员具有宽厚的理论基础和实践经验。

四、运动智力训练要求

在实践中，我们应该积极鼓励教练员、相关专家或运动员以专题的形式定期讲解竞技运动和专项运动的基本理论。语言讲解方法分为正、反向讲解两大类：正向讲解是指教练员或相关专家向运动员讲述训练原理或理论；反向讲解则是指运动员向教练员或相关专家叙述所学内容。正向讲解时必须注意：一是讲解要有明确的目的，应根据训练任务、内容和要求有的放矢地讲解；二是讲解内容要用语正确，内容体系要注意具有科学性、系统性；三是讲解用语要通俗易懂，教练员讲解时一定要注意用词准确、精练、形象，力求规范技术术语，以提高运动员理解动作要领的能力；四是讲解内容要有启发性，要注意使运动员知其然也知其所以然。课后应注意检查运动员对讲解内容的理解程度。

采用引进植移法要注意理论联系实际。目前，动作植移已经广泛地应用在许多项目的技术创新和动作创新之中，如足球运动的门前鱼跃头顶球射门技术就是引进了排球的鱼跃救球动作。战术植移在许多项目中也是屡见不鲜，如手球运动的战术打法就是借鉴篮球、足球的战术形式而逐步丰富起来的。战术植移需要运动员具有一定的思维想象力、分析力，通过观摩非专项运动的比赛、分析战术打法，并结合本专项运动实际，将非专项先进的战术形式融于本项目的战术内容之中。理论植移有助于运动员开拓思维的深度，可以从更深刻、更全面的角度认识运动训练的各种规律，如将系统工程理论引进专项的训练理论，可以更深刻地认识训练的各环节关系和提高运动训练的质量与效益。

求异创新是当代智力训练中的重要方法。无数赛例表明，战术上的不断创新、技术上的创新立异、打法上的独特风格，往往是运动员在比赛中夺取胜利的重要因素，在现代运动竞赛激烈对抗之中，要善于捕捉一些非正规但实效好的变异动作，并加以改造使之成为以后比赛出奇制胜的运动技术。例如，足球的反身倒勾踢球技术,原是一种应急防御动作,后被人捕捉之后加以改造,成为足球比赛进攻中具有攻其不备之效的攻击技术;背越式跳高技术的诞生也是如此。技术创新是受思想创新的支配,例如体操动作不同编排可以创造或形成多种多套的组合动作,球类项目多元动作的变异组合可以创造或形成多种阵形和战术变化,这些都是思维创新的结果。因此,必须重视创新思维的科学训练。

万事万物都是错综复杂的,人们对事物认识的深度也是永无止境的。运动训练过程也是如此,在寻求运动训练真谛的过程中,应当始终持以探究的态度。生疑提问法就是为了培养运动员具有积极探究态度和积极的思维能力而提出的一种方法。在实践中,采用此法必须依靠球队的智力资源。应该承认,目前我们对训练中的很多问题尚在研讨之中,许多答案尚未有解。运动员的积极询问,会有助于我们寻找最终的答案或辨明解决问题的途径。倘若教练员不能回答问题或回答不够完善,可与科研人员共同研讨。回答运动员的提问时不能随便应付,否则,会挫伤运动员的这种好奇心理和好问习惯,对开发运动员思维能力不利。总之,我们应积极保护运动员生疑提问的态度和积极思考的精神。

第三节　足球运动心理训练

一、运动心理训练概述

(一) 运动心理训练的内涵

运动心理训练是指在运动训练或比赛的过程中,教练员与相关人员有意识、有目的、有系统地对运动员的心理活动,共同施加积极影响的过程。运动心理训练的目的,是使运动员在紧张、激烈、复杂的比赛环境中能够保持积极健康的心态,以使竞技能力得到正常或超常发挥。因此,杰出的教练员不仅应是出色的工程师,更应该是优秀的心理专家。随着竞技运动水平的不断提高，国际重大赛事的急剧增多，训练比赛负荷的日趋增强，心理训练的意义更加重要。由于心理训练内容繁多，有些心理训练内容需要长期系统的训练方可获得，有些心理训练内容需要日积月累的培养方可取得。因此，为了形成适宜的比赛心理，促使运动员创造优异成绩，日常生活中必须坚持科学系统的心理训练。

运动员的心理过程是非常复杂的。在竞技运动的训练与竞赛中，绝大多数运动员需要具有敏锐准确的感知觉能力才能表现出准确的技术效果；需要具有敏捷的思维及表象能力才能创造出灵活多变的高难技术和战术；需要具有丰富且自制的情感才能唤起积极的激情，平和不良的焦虑情绪，保持旺盛的训练热情；需要具有良好的意志品质才能在训练和比赛中表现出自觉、果断、勇敢、主动和顽强的作风；需要具有良好的个性心理特征，尤其是良好的人格特征才能凝聚各方的支持和配合。显然，作为一名优秀的教练员，应该始终高度重视运动员感知能力、表象能力、思维能力和意志品质的严格训练。应当着重指出，不同竞技运动项目对于个性心理特征有特殊的专项要求。

（二）心理训练的意义

运动员的心理训练同身体训练、技术训练、战术训练相结合，构成了现代运动训练的完整体系。现代运动训练学研究证明，人的运动潜能的发挥在于体力、技术和心理因素的有机结合。换言之，人的心理因素影响着身体、技术和战术的发挥水平。现代足球比赛，运动员身体、技术、战术水平日益接近，但由于运动员心理素质的不同，表现出不同的竞技水平，在双方实力相当的角逐中，比赛胜利的天平必然将向心理训练水平高的一方倾斜。高度发展的世界职业足球运动更加注重比赛结果的现实，使比赛攻防节奏更加快速，对抗更加激烈，从而使运动员在训练和比赛中的负荷量和负荷强度不断增加，心理负荷也在不断增大。运动员要在训练和比赛活动中镇定自若地面对巨大的心理负荷及心理压力，保持心理的稳定性，正常发挥技、战术水平，就必须具有很高的心理训练水平。否则，即使身体、技术、战术水平再高，也难以在比赛中取得优异成绩。因此，国内外一些专家认为：对人的心理潜力进行认真的、有效的发掘，是提高运动成绩的方法之一；运动员比赛的成功 30％归功于心理因素；通过心理训练，能使运动训练效果提高 10～15％。

（三）心理训练的作用

心理训练的作用主要在于使运动员的心理过程和个性心理特征更快地得到完善和发展，形成参加训练与比赛的最佳心理状态。

1. 促进运动员心理过程的完善

人的心理过程包括认知过程、情感过程、意志过程三个方面。极度紧张的训练和比赛要求运动员具有精确的运动感知觉和清晰的运动表象能力；具有高度发展的思维敏捷性和灵活性，以及快速的运动反应能力；具有将注意力长时间集中于或迅速转移及分配到特定对象上的能力。同时还要求运动员具有坚强的意志品质以克服训练和比赛中所遇到的各种困难，并能善于控制比赛中千变万化的情感体验，更好地进行训练和比赛。这些必须通过有目的的心理训练得到改善。

2. 促进运动员个性心理特征的形成发展

在训练和比赛极度紧张的条件下，运动员个性心理特征是决定其行为特点的最重要因素之一。现代足球比赛对运动员在个性心理特征方面提出的要求突出地表现为：自信心、自控力强、情绪稳定、沉着冷静、勇敢顽强、独立果断。心理训练可有效地促进运动员与足球比赛的要求和各位置的特点相吻合的个性特征的形成与发展，对运动员形成和发展个人特长技术也有着重要的促进作用。

3. 促进参加训练和比赛的适宜心理状态的形成

运动员的心理状态是训练和比赛所必需的最主要的心理机能的

综合表现。心理状态对训练和比赛活动的进行和结果都有很大的影响，比赛中取得的成绩在很大程度上取决于对运动员心理状态的控制和自我控制调节。心理训练有助于培养运动员心理过程的稳定性，发展在极端紧张的活动时控制自己心理状态的能力，形成参加训练和比赛的适宜的心理状态。

二、足球运动员心理训练的方法

运动员进行心理训练的具体方法很多，概括起来主要有三类：一类是改善心理品质的训练；另一类是当运动员临场时心理发生了异常变化，需要进行心理调节；第三类是运动员学会控制住自己，不受其他因素的影响，使自己保持最佳的竞技状态。

（一）改善心理品质的训练

1. 注意力集中训练

注意力集中分为瞬时集中和持久集中两种。这两种注意力集中对运动员充分发挥技、战术水平，为本队取胜均有重要作用。例如，一个运动员能在 90 分钟的比赛中自始至终把注意力集中于比赛全过程，不受外界干扰而全身心地投入比赛活动，这是注意力持久集中的能力。又如，射门一刹那，或 1 对 1 抢截，运动员注意力集中于射门动作或对手身体重心移动的方向，这属于注意力瞬时集中的能力。无疑，运动员这两种注意力的集中能力越强，完成技、战术的质量则越高。

注意力集中训练可采用以下方法。

（1）教练员无论是在训练中，还是比赛的临场指挥中，以及赛后总结会上的讲解，语言都应准确、生动形象，并辅以手势，从而吸引运动员的注意力集中指向当前的对象，使其保持兴奋和注意力集中。

（2）教练员可采用一些游戏和竞争性活动，提高运动员的注意力集中能力。例如，"喊数抱团"游戏，在规定区域跑动的运动员听见教练员突然喊出的数字，立即与邻近的同伴按所喊出的数字抱成一团；动作模仿游戏，运动员根据教练员突然做出的各种动作迅速地进行模仿；视觉信号反应游戏，根据教练员突然发出的视觉信号，如将球向上、下、左、右抛掷，运动员根据事先规定的信号意义快速做出动作等。

（3）结合技、战术训练提高队员的注意力集中能力。例如，6～8名队员在中圈线上等距站好，队员之间利用两个球用脚内侧做一次性传球练习，要求两个球既不能相互碰撞，又不能同时传到一个队员脚下，也不能传出线外；两人双球脚内侧传球，相距5～8米，两人同时向对方传球，要求最多两次触球，既不能因两个球相碰撞，也不能因同时停留在一人脚下或越出传球范围而中断练习。

（4）视物法。选择一个目的物，如足球，让运动员仔细观察几秒钟后，闭目想象足球的形象，并可提出不同的观察要求，让运动员反复观察、想象。如此反复练习，直到头脑中清晰地回忆出被观察物体形象为止。

（5）视觉守点法。注意手表秒针转动。注视时间可从60秒至90秒到180秒逐渐增加，能持续注视5分钟不转移注意为佳。每次练习重复3～4次，间隔10～15秒。白天、晚上临睡前各练一次。

（6）教练发令法。以勉强能使运动员听清的声音发出命令，让运动员复述命令或执行命令，但练习时间不应超过3分钟。

2. 注意力范围（视野）训练

足球比赛参赛人数多，场地大。运动员注意力的范围越大，瞬间所获场上的信息越多，对场上情况则越清楚。这对运动员合理、准确采取技、战术行动相当重要。

注意力范围训练可采用以下方法。

（1）1/2 场或全场人盯人传抢。要求一次或接控两次立即出球；或采用三次短传后，一次中、长传球得 1 分的练习规则进行传抢，迫使运动员扩大注意力范围，并养成先远后近的注意观察习惯，从而使运动员对比赛中的情况一目了然。

（2）1/2 或 1/4 场，5 对 5 或 4 对 4，攻防多个球门或攻防底线练习。这种练习扩大了运动员攻防的目标和范围，必然地促使他们对多个攻防目标进行全面的选择，扩大注意力的范围。

（3）分区人盯人转移传抢。甲、乙两队各 8 人在 1/2 足球场进行，场地分为 A、B、C 三区，每队各 3 人在指定的 A、C 两区内，各 2 人在指定的中间区域 B 区内进行盯人传抢，不得越区作业。甲或乙队一旦将球从地面或空中传到相邻区域内的同伴脚下控球得 1 分；A、C 两区的队员将球从地面或空中越过 B 区传到另一区域内的同伴脚下控球得 2 分。经常进行这种练习，可扩大运动员在比赛条件下的注意力范围。

3. 注意力的分配训练

现代足球比赛要求运动员在很短时间内同时完成多个技术、战术动作，这就要求运动员要将注意力进行合理分配，以保证技、战术动作同时顺利完成。

注意力分配训练可采用以下方法。

（1）运动员在各种跑动或运球中观察教练员的手势或信号，并根据其信号意义改变跑动方向、速度或变换控球方式与内容。

（2）中圈等距站立，进行一次性传球练习，两人双球连续传球练习等也可有效地提高运动员注意力分配的能力。

（3）在传球、运球过人突破、射门练习中，要求运动员注意观察同伴或防守对象的活动情况、守门员移动的位置。

（4）1 对 1、2 对 2、3 对 3 攻防或 1 对 1 掩护控球。要取得攻防或掩护、控球良好的效果，就必须人、球兼顾。

4. 深度视觉训练

深度视觉是指正确估计客体间距离的能力。它对足球运动员的距离、空间的准确判断有重要作用，直接影响着运动员传球、射门的效果。

深度视觉训练可采用让运动员目测足球场上各目标的纵向距离和多个目标的横向间隔距离，不同目标、距离、角度的定点传球、射门；越过障碍物或人墙的传球、射门等练习来发展运动员的深度视觉。

5. 意志品质训练

意志品质是人们为了达到既定目的在行动上所表现出来的自觉克服困难的心理过程。现代足球比赛对抗激烈，竞争性极强，运动员在比赛中要承受巨大的心理负荷和生理负荷，因此每一技、战术动作的完成和实现均需运动员付出意志努力。较强的自控能力是足球比赛对运动员提出的必然要求。

意志品质训练可采用以下方法。

（1）意志品质的培养，最好是结合技术、战术、身体训练课或不同形式的综合训练课等形式，训练中教练员对运动员意志品质方面提出不同的要求。例如，1对1运球过人突破射门；2对2攻防小球门；超长时间或等数与不等数的分组攻守对抗训练，均是运动员意志品质的培养和磨炼的有效方法与手段。

（2）利用场地、气候等不利的环境进行训练或比赛，也是培养运动员意志品质的有效方法之一。例如，在高温、高寒、风雨、冰雪等恶劣的环境中进行训练、比赛，以培养其良好的意志力。

（3）在身体疲劳的情况下，仍然坚持完成训练和比赛任务，特别是对大负荷、大强度训练能咬牙坚持完成规定的定量指标。这种不怕苦、不怕累的精神，本身就是意志品质的培养。

（4）抗干扰训练。运动员在足球比赛中不可避免地要受到来自外界的各种干扰，如裁判员的误、错判，甚至反判；对手的过大动作、报复性动作或不礼貌的语言；队友的频频失误和教练员、队友的指责；观众大声地叫喊、鼓倒掌、谩骂性语言，甚至扔石块、饮料瓶等。在平时的训练和比赛中，教练员应抓住以上出现的各种情况，及时地给予正确的教育和引导，规范和约束个人的言行，要求他们掌握心理自我调节的方法，善于控制自己的情绪，以积极的态度和稳定的情绪对待所发生的一切，从而保证自己技、战术水平的正常发挥。

（二）心理调节训练

在足球比赛中，运动员常常因受到各种环境条件的影响而导致心理活动发生变化。例如，冠亚军争夺战的前夕，影响进入决赛的关键场次，点球决胜负的关键时刻，主罚禁区附近任意球的关键球，比赛中火爆的对抗气氛，对手过激的语言或动作，观众的情绪等，都会给运动员的心理活动带来一定的影响，这就需要进行心理调节。对运动员进行心理调节训练的方法有下列五种。

1. 表情调节法

情绪状态与外部表情有着密切联系，我们可以通过改变外部表情的方法而相应地调整自己的情绪状态。当感到过分紧张时，可有意识地放松面部肌肉或双手搓搓面部。当心情沉重、焦虑或情绪低落时，可有意识地做出笑脸或想自己最高兴的某件事。

2. 音乐调节法

音乐能使人产生兴奋、镇定、平衡三种情绪。运动员赛前如果有异常的情绪表现，如过分激动、紧张等，听一曲节奏缓慢、平稳的轻音乐，往往能达到调节情绪的良好效果。

3. 呼吸调节法

呼吸调节法即通过深呼吸可以使运动员的情绪波动稳定下来。情绪紧张或激动时，采用缓慢的呼气和吸气可放松情绪；情绪低沉时，可采用长吸气与有力的呼气来提高情绪的兴奋性。

4. 暗示调节法

暗示调节法是用语言、思想或表情对情绪施加影响的方法。"默念"是一种很好的自我暗示方法，如临赛前心里反复默念："我要镇定""我完全相信自己的力量和技术""我一定要射进一个球""我一定不让对手突破或攻破我把守的球门"等，以增强运动员的自信心。

5. 注意调节法

注意调节法是运动员用转移注意力来调节心理活动的方法，即有意识地改变和调节注意的指向性，使运动员注意力集中指向于有积极作用的事物上去。例如，运动员想到对手实力强大而感到怯场或恐惧时，就想一想过去与强队交手时的成功比赛；罚点球的主罚队员害怕罚不中而产生紧张情绪时，就想一想自己以往某次成功的罚球。多想那些成功的场面和有把握的动作可增强成功的自信心，便可使情绪稳定下来。关于这一点，教练员应特别注意在赛前训练中提高运动员完成动作的成功率和把握性，在赛前进行热身赛时，最好选择与本队实力水平相当或稍弱的队作为热身赛对象，这对稳定运动员参加比赛时的情绪具有重要作用。

除上述心理调节方法外，还有其他一些方法，如比赛前让运动员排除小便——排尿法，运动员会产生轻松愉快感，并能使心理和肌肉放松；赛前教练员对运动员的称赞、忠告等，都能用来调节运动员的情绪。

（三）心理控制训练

心理控制训练是指运动员提高自我控制能力的训练。心理调节训练法是提高自我控制能力的有效途径之一。除此之外，提高运动员的自我控制能力，还常采用下列四种方法。

1. 自我暗示与放松训练

自我暗示和放松训练是以一定的"套语"进行自我暗示和引

导，促使肌肉放松，并在肌肉放松后采用一定的"套语"进行自我动员，重新振奋精神的心理训练方法。

自我暗示和放松训练可在比赛前后或中场休息时进行。练习时首先调节呼吸，使自己安静下来，暗示语可用"我的呼吸是安静的"或"我的呼吸舒畅自如""我的心跳安静而有节奏"等；然后是逐级放松肌肉，可由上向下或由下向上进行，暗示语可用"我某部位的肌肉完全放松了"或"我全身的肌肉都放松了""我感到全身轻松无比"等；放松练习结束，进入热感练习时，暗示语可用"我的某部分是温暖的"等，并想象自己身体的某部位或全身正浸泡在浴池的热水里或春天的阳光晒着身体某部位的感觉；最后进入动员练习时，暗示语可用"我休息得很好、我感到精力充沛、全身积蓄了力量、我很想马上投入面临的比赛……"等。在做完动员练习的1、2分钟内做几节准备活动，便可出现高度积极状态，精力充沛地参加比赛。

2. 生物反馈训练

生物反馈训练是借助现代化仪器把运动员机体的生理信息传递给运动员，使其经过反复练习，学会调节自己生理机能的训练方法。

其具体方法是：借助电子仪器（肌电仪、心率仪等）的反馈信息让运动员知道自己在训练中的各种生理过程的变化，如肌电变化、心率的快慢、血压的高低等，进而把这种生理变化与自己的感知觉联系起来，从而提高运动员的肌肉用力感觉，促进动作技能的形成；调控练习的强度，提高训练效果；学会控制自己的生理活动，消除紧张、恐惧和焦虑等不良情绪。

3. 念动训练（想象训练）

念动训练是在思想上完成动作的过程。这是形成、巩固与强化技、战术的心理训练方法。运动员在反复进行思维表象时，可同时引起相应动作部位的肌电活动，从而起到训练的作用。

念动训练的具体做法是：运动员在安静和放松的情况下，根据训练的要求，集中注意力在头脑中唤起实际练习的技术动作或战术配合，或想象自己完成某一动作的最佳方式，多次重复再现。例如，运动员想象自己正在罚点球、正在进行二过一配合或运球过人突破射门等。念动训练时，若适当配以一定的默念套语，并与身体练习相结合，效果更好。以 10 次念动 5 次练习相结合进行训练效果最佳。

4. 模拟训练

模拟训练是将训练安排在与比赛条件相似的环境下进行的一种训练方法。模拟训练可预防运动员赛前不良心理状态的发生（如赛前紧张），提高心理稳定性和应变能力。

模拟训练的内容包括对比赛中生理负荷、心理负荷水平的模拟，技术、战术以及比赛环境的模拟等。

模拟训练的方式有现实模拟和语言图像模拟两种。现实模拟包括模拟对手可能采用的技、战术，场上作风，可能出现的意外情况，比赛地点的气候、时差、场地、观众的倾向性等。语言图像模拟是利用词语形象和图像来描述实际比赛的情景、对手的行为和自己的行动等，如图片、录像、电影等。在这些具体形象的刺激下，引起运动员大脑神经系统的暂时联系活动，从而形成对比赛情景的先期适应，有利于运动员比赛的心理稳定，以取得预期的比赛成绩。

三、竞赛期的心理训练

心理训练的效果与运动参赛的经历密切相关。除了重大赛事之外，所有围绕重大赛事进行的系列大奖赛、资格赛或检测赛都是心理训练的最佳情景或环境。因此，我们必须从工程的角度，高度重视这些赛事参赛过程的心理训练。从运动训练工程实施的内容和环节看，竞赛期的心理训练主要包括赛前心理准备训练、赛中心理控制训练、赛后心理调整训练三个训练过程及其内容。

(一) 赛前心理准备训练

赛前心理准备的内容是：分析彼我的利弊因素、明确适宜的比赛任务、激发良好的比赛动机、增强比赛的必胜信心、建立行动的思维程序、掌握简易的调控手段等。其中，分析彼我利弊因素的主要目的是知己知彼，以求百战不殆；明确适宜比赛任务的主要目的是甩掉思想包袱，减缓心理压力；激发良好比赛动机的主要目的是激活比赛动力，强化比赛欲望；增强比赛必胜信心的主要目的是保持旺盛斗志，坚持不懈努力；建立行动思维程序的主要目的是建立行动程序，控制身心活动；掌握简易调控手段的主要目的是提升竞技状态，激发适宜应激。自我暗示法、调整呼吸法、转移注意或集中注意等方法，是提高自控能力、排除紧张情绪的良好方法。可见，不容忽视赛前心理准备的内容。

赛前心理准备的要求是：一要做到知己知彼，熟悉应变对策，运动员赛前必须做到知己知彼，掌握应变对策，赛前应当高度注意从难、从严、从实战出发进行训练，必须时刻端正参赛态度，理顺比赛思路，寻找积极对策，适应艰苦环境；二要排除紧张因素，加强预防训练，赛前必须积极排除干扰因素或者进行抗干扰的训练，应当注意设置各种困难的条件和环境，强化运动员抗干扰能力的训练，促使运动员在各种不利因素条件下能够保持稳定的心理状态；三要强化责任意识，培养团队精神，强化责任意识、培养团队精神是赛前训练的重要内容，责任意识和团队精神是战胜各种困难、体现顽强拼搏精神的重要保证，集体性的球类运动项目赛前更应进行责任意识、团队精神的培养与训练。

(二) 赛中心理控制训练

运动员比赛过程中的心理控制意义重大。竞赛中运动员心理控制的核心内容是情绪控制。运动员比赛过程情绪的体验最为深刻。

积极的心理定式必会增强信心，消极的心理状况易生焦虑情绪。无意误判会使运动员抱怨愤怒，嘈杂环境会使运动员烦躁不安，教练员鼓励安慰能给运动员以鼓舞，亲人期望能给运动员以动力。总之，比赛的瞬息万变容易导致心理过程波澜起伏，进而导致运动员的情绪、技术和战术失常。因此，情绪的稳定性是比赛成功的基本保证。由于运动员在成长的过程中需要参加多次比赛，尤其是优秀运动员的比赛任务更多，教练员应当高度珍惜每次重大比赛的机会。利用比赛中的各种间隙，不失时机地调整运动员的比赛情绪，促使运动员养成良好的比赛心态。

众所周知，情绪和情感与机体的生理、生化机制有密切关系，通常受三种因素制约，即刺激因素、生理状态、认知过程。根据情绪三因素学说，刺激因素主要是通过人的感官从外部获得的信息，如比赛环境、气氛、观众、语言、对手的表现等，这些因素往往直接影响运动员的情绪。为克服刺激因素的不良影响，最根本的措施是提高运动员的适应能力，降低他们对外界刺激的感受性，使注意力集中在自己动作的感觉上。另外，还可适当采取信息回避的措施，尽量减少不良刺激因素的干扰。要以积极的内心想象占据自己的头脑。采取积极的自我暗示进行自我鼓励、自我安慰是达到自我控制的有效途径。同时，控制正确的认知过程还可以合理处理并防止刺激因素和生理因素的不良影响。

（三）赛后心理调整训练

竞技运动的比赛结果往往会使运动员在赛后产生积极或消极的情绪体验。因此，必须及时进行赛后小结。要特别注意认真分析运动员的心理状态，并根据存在的问题采取必要的措施加以调整。如果忽视了这个问题，很有可能对后续比赛带来不利影响。教练员应深刻认识运动员的情绪体验带有群发性特点。部分运动员情绪低落，或自暴自弃，或忘乎所以，或行为失控的不良赛后心态往往会影响全队的思想，以至殃及后续赛事的案例可谓不胜枚举。因此，我们必须重视运动员的赛后心理调整。一般认为，获得理想成绩会使运动员产生鲜明而深刻的两种截然不同的情绪特征，取得不良成绩也会使运动员产生鲜明而深刻的两种截然不同的情绪特征。因此，我们必须重视情绪表现的基本特征。

获得理想成绩后会使运动员产生鲜明而深刻的两种截然不同的情绪体验：一种是积极的情绪体验，主要表现为心理满足、精神振奋、情绪愉快、信心倍增，此时运动员的参赛欲望更强，精神斗志更高，深感责任更重，表现出积极向上的强烈的精神；另一种是消极的情绪体验，主要表现为骄傲自满、目中无人、得意忘形、自吹自擂、盲目自信，此时运动员参赛欲望下降，过高估价自己，表现出沾沾自喜的不良的个人主义。获得不良成绩后也会使运动员产生鲜明而深刻的两种截然不同的情绪体验：一种是积极的情绪体验，主要表现为寻找差距并积极克服，不甘示弱，更激斗志，不怕挫折，信心依旧地投入后续比赛；另一种是消极的情绪体验。主要表现为面对问题束手无策，面对失败斗志颓废，以致消极地应付后续比赛任务。

对待获得理想成绩的具有积极情绪体验的运动员，要积极帮助他们总结比赛中的经验与教训，鼓励他们继续保持积极情绪，激励他们更加努力拼搏，争取更大的胜利。对待获得理想成绩的具有消极情绪体验的运动员，要认真指出他们心理状态的危害性，善意指出他们比赛中的缺点和不足，促使他们居安思危，准备好后续比赛工作。对待取得不理想成绩的具有积极情绪体验的运动员，要充分肯定他们比赛中的经验，保护他们难得的积极情绪，鼓励他们克服困难、努力拼搏的精神；对待取得不理想成绩的具有消极情绪体验的运动员，要帮助他们认真总结失利的原因，及时指出他们的优点及各种有利因素，帮助他们积极找出克服的办法，使他们重新焕发比赛的斗志。

另外，安排积极性休息、调节精神状态也是赛后心理调整的重要举措，特别是战役性赛事的间隔期间，应当适当安排积极性休息。此点，对于心情过于沉重、一时难以摆脱失败困扰的运动员尤为重要，可让他们暂时从事其他活动，转移注意，促使精神得以解放，加速摆脱失败情景的影响。战役性赛事间隔期间的积极性休息，也是比赛调整的需要。尤其是一些赛程较长而且竞争激烈的比赛，运动员所承受的心理负荷远远高于平时，因此他们需要及时采取一些恢复措施及时消除精神疲劳。总之，运动员在战役性赛事间隔期间的心理调整，其生活应以轻松愉快、丰富而有节奏为原则，以此达到积极调整的目的。通过这种心理调整，不仅有利于他们以后的比赛，而且也有利于他们全面健康地茁壮成长。

第五章 足球运动与身心健康

第一节 身体健康

一、足球运动对提高心肺功能的作用

（一）足球运动中耐力素质的特点

足球运动中的专项耐力素质特点主要表现在一般耐力和速度耐力两个方面。

一般耐力的特点是运动员在保持不停地跑动中要不断地改变速度，加速跑或冲刺跑。一场比赛，一名优秀的足球运动员的跑动距离常常在 10 000 米以上，冲刺次数可达到 100 次以上。

速度耐力的特点是大量地进行距离不等、休息间隔时间不同的短距离的反复冲刺跑。有关资料表明，一场比赛中运动员的跑动次数约有 200 次，其中 10～30 米之间的跑动次数约占 70%，快跑次数占到总跑动次数的 1/3，平均每分钟内运动员就要冲刺 1 次以上。

从当今国内外足球训练理论和生理学的研究成果看，足球运动员的耐力分类趋向于分作一般耐力（有氧耐力）和专项耐力（无氧耐力）两种，即把足球场上所表现的中小强度奔跑及相应的肌肉运动归为有氧耐力，把大强度连续反复快跑及伴随的肌肉运动列为无氧耐力。

足球比赛中运动员的运动主要有两种不同的形式：一种是以最大强度进行，每次持续 6～9 秒钟的无氧代谢运动（如快速起动、全速跑、冲刺跑等）。最大强度运动靠肌肉内腺嘌呤核苷三磷酸

（Adenosine Triphosphate，ATP）、磷 酸 肌 酸 （Creatine Phosphate，CP）快速分解供能，而肌肉内 ATP 和 CP 含量有限，供能时间最多不超过 10 秒钟。另一种是进行适当强度的时间延续到整个比赛的有氧代谢运动。在负荷强度下降时，氧开始与肌肉中的糖、自由脂肪酸结合，再生成大量的 ATP 供给肌肉运动需要。因此，足球运动员在进行一定时间的（最）大强度运动后必须进行中小强度运动来交替间歇，以恢复肌肉再次（最）大强度运动的能量供应。因此，足球运动员的专项耐力是建立在冲刺快跑时的高能磷化物（ATP、CP）的无氧分解和主要在间歇时有氧再合成的供能基础上的。这是一种非周期性的、有氧与无氧混合供能的、不同强度和不同速度交替的速度耐力，其中最突出的是短距离反复冲刺跑的能力。

（二）足球运动中耐力素质的提高对心肺功能产生的影响

心肺功能的强弱对人的生活能力起着重要的作用，足球运动中耐力素质的提高是使心肺功能的增强的有效途径。

首先，由于从事足球运动时机体各器官必须获得充足的氧气及营养供应，所以，人体的"动力源"——心脏就必须提高单位时间内的工作效率，这就需要供应心脏的心肌细胞以充足的氧气及营养，充足的氧气及营养供应会使得心肌强壮而肥大，心脏重量增加，心脏的容积增大，搏动有力，每搏输出量增加。有研究表明：从青少年开始坚持足球运动的人即使到了中老年，其心脏的大小和功能水平仍然接近于青年人的心脏，经常锻炼可使人的心脏推迟衰老 10～15 年。

其次，足球运动还能大大增强肺功能。进行足球运动时，由于肌肉运动需要更多氧气，因而呼吸次数增加，深度加深，肺通气量大大增加。例如，安静时一般人每分钟呼吸 12～16 次，每次吸入新鲜空气约 500 毫升，进行足球运动时，每分钟肺通气量可增至

40～50 次，每次吸入空气达 2 500 毫升，为安静时的 5 倍，每分钟肺通气量可高达 70～120 升。因此，在足球运动中，呼吸器官可得到很好的锻炼。

最后，经常进行足球运动还有助于呼吸肌力量增大，胸廓运动性增强，肺泡具有更好的弹性。例如，一般人在安静时，由于耗氧量不多，只需要大约 1/20 的肺泡张开就足以满足需要，因此，肺泡运动不足。而在足球运动锻炼时，由于需氧量增加，促使大部分肺泡充分张开，对肺泡弹性的保持及改善十分有益，有助于预防肺气肿等疾病的发生。

二、足球运动对提高速度的影响

足球比赛临场情况瞬息万变，根据球以及对方队员的位置和意图不断变化，有时也根据本队特定战术的需要，在场上要不断改变跑动的方向、距离、路线及节奏。距离一般在 5～15 米（占80%～90%），有时也会出现 30 米甚至 30 米以上的冲刺跑。跑的路线各异，有直线、曲线、折线、弧线等。节奏不一，根据临场具体情况的需要，慢跑与快跑、急跑与急停、前进与后退，在跑动中突然变向跑等。跑的开始姿势有站立、走动、慢跑、倒地等。由于比赛中运动员要随时改变方向，控制球和应付突然的情况，以及位移时重心稍低，步频快，步幅稍小（无球和较长距离位移时例外），比赛中要进行大量的冲刺跑和在快速跑动中完成技术动作，对于反应速度，动作速度不仅是一种考验，也是一种锻炼。经常从事足球运动有利于提高速度素质。

另外，足球运动具有明显的速度力量特点，其中有大量的快速起动和急停，变速变向跑要求运动员要有相当的力量，在激烈的对抗中要想争取时间并抢得空间，必须具备快速的反应和快速的起动、位移速度。只有具备了快速的运动能力，才能使技术与战术得到有效的实施和发挥。

三、足球运动对提高力量的影响

（一）足球运动中力量素质的特点

（1）良好的反应能力和爆发力。足球运动员在比赛中完成动作时既要有准确性，更要有突然性，如远射、突停突起、突然变向等。上述动作需要运动员在极短的时间内完成。因此，足球运动员的专项力量素质的重要特点之一是爆发力和快速力量训练水平较高。

（2）良好的力量耐力。由于足球运动员在比赛中的运动距离长，完成动作次数多，消耗能量大，运动员常常要在较疲劳情况下不断地完成一定距离的快跑和冲刺跑后，再完成跳起争顶、大力射门、合理冲撞等力量性的动作。因此，没有良好的力量耐力训练水平是很难保证在完成这些动作时还能取得良好的效果。

（3）下肢力量和腰腹力量较为突出。足球运动员在比赛中完成动作时主要依靠脚和头，手臂不能触球，因此手臂力量要求相对较低，而下肢力量和腰腹力量要求较强。

（4）发挥力量能力时的肌肉工作方式较复杂。足球运动员在发挥肌肉力量时常常是动力性力量和静力性力量相结合的。支撑脚的肌肉工作方式常常是退让性的静力性工作方式，而踢球脚的肌肉工作方式又常常是向心收缩的动力性工作方式。

另外，在完成动作时有时以小肌肉群力量为主，如运球、颠球。而在远射与跳起争顶合理冲撞时，则要依靠大肌肉群工作。

足球运动的力量特点是以爆发力（以最快速度克服阻力的能力）为主的一种非周期性肌肉运动。这种力量素质的运动有短距离快速起动加速跑、突然变向或转身、强有力的踢球、空中争顶或凌空倒勾射门等。由于足球运动员克服的球和肢体重力是恒定的，在完成各种有球及无球动作中，运动员实际需要的是在特定负荷条件下所表现出的最大动作速度力量和速度力量耐力。

对于一名优秀的足球运动员来说，肌肉的爆发性力量是必须发展的素质，特别是髋、膝、踝关节和腰腹部的屈伸力。研究表明，这些肌肉的速度力量直接与起动速度、弹跳力和踢球力量相关，而且在足球与非足球运动员以及优秀与一般运动员之间，存在着明显的差异。

（二）足球运动对提高人的力量的作用及影响

肌肉的发达健壮，绝不是靠饮食和休息而获得的，足球运动对提高人的力量起着重要的作用。

在足球运动中，肌纤维的主动收缩与放松，大大促进了肌肉中的血液供应和代谢过程。肌肉中有着丰富的毛细血管，仅在一平方毫米的肌肉中，就有数千根毛细血管，当肌肉处于安静状态时，肌肉中的毛细血管仅开放很少一部分，在进行足球运动或体力运动时，肌肉内毛细血管才大量开放，这就使肌肉获得更多血液供应，带来更多氧气和养料，使肌肉内代谢过程大大加强。这样肌纤维内的蛋白质增加，肌纤维逐渐粗壮，肌肉内供能物质含量也增加，肌肉的结缔组织弹性改善，使肌腱弹性、韧性加强。这不仅使体格健壮，还有益于健康。

四、足球运动对提高柔韧性的影响

（一）足球运动中柔韧素质的特点

柔韧素质是指髋关节的肌肉、肌腱、韧带等软组织的伸展能力，即指关节运动能力的大小。足球运动员的柔韧特点在踝关节主要是以扩大踝关节背伸（向下绷脚尖）和屈曲（向上勾脚尖）以及绕环的幅度为重点；在膝关节主要是加大小腿向后屈曲程度为重点；在髋关节主要是加大髋关节屈伸、内收外展及绕环的运动幅度为重点，辅之以腰腹部肌肉的伸展性。

在足球比赛中，由于运动员经常要做一些幅度大、速度快、用力突然的动作，如抬脚到一定高度接空中球、倒地铲抢、运球过人时的身体晃动、凌空倒勾射门等，这就对运动员的柔韧素质提出了较高要求。

足球运动员的柔韧素质，突出表现在足球运动所特殊需要的髋、腰、膝、踝关节运动幅度及下肢肌肉和韧带的伸展能力上。它对于足球运动员掌握和提高技术动作（尤其是高难度技术动作）、避免运动创伤和发展其他身体素质都有重要的作用。

（二）足球运动对提高人的柔韧性的作用及影响

影响柔韧性的因素是多方面的，其中通过足球运动可以有效地使影响柔韧性的因素得到改善，进而提高人的柔韧性。

1. 足球运动可使关节周围组织的功能增强

柔韧性的表现主要来自骨关节，而骨关节结构因受先天的影响而较难改变，因此，发展骨关节周围组织是加强关节柔韧性的有效措施。

关节的加固主要靠韧带和肌腱，肌肉则从关节外部补充加固关节力量，控制关节运动幅度，它们共同作用，限制关节在一定范围内运动，从而保护关节不致超出解剖允许的限度而受伤。当具体发展某一关节的柔韧性时，主要发展控制关节屈、伸肌的伸展性及协调能力，牵拉限制关节运动幅度的对抗肌，逐渐增加它们的伸展度。为了力求达到关节的最大解剖伸展度，就必须在完全克服对抗肌的限制以后仍然拉伸，从而牵拉到肌腱，最后才拉伸到韧带，所以平时我们所说的"拉韧带"，实际上首先是对肌肉、肌腱的拉伸。

拉韧带主要采用主动或被动的静态伸展法、主动或被动的弹性伸展法等形式。主动或被动的静态伸展法是缓慢地将肌肉、肌腱、韧带拉伸到有一定酸、胀和痛的感觉位置，并维持此姿势 10～30 秒（视不同情况而定），对某一块肌肉的伸展应连续重复 4～6 次。主动或被动的弹性伸展是指有节奏的、速度较快的、幅度逐渐加大的多次重复一个动作的拉伸方法。主动的弹性伸展是靠自己的力量拉伸，被动的弹性伸展是靠他人的帮助或借助外力的拉伸，主动或被动拉伸都要注意力量适中，否则易于拉伤。

2. 足球运动可产生适合于柔韧性功能改善的体温

肌肉温度升高时，新陈代谢加强，供血增多，肌肉的黏滞性减少，从而会提高肌肉的弹性和伸展性，柔韧性得以提高。影响柔韧性的温度有外界环境温度和体内温度，体内温度的调节用于调节外界环境对机体产生的不适应。当外界温度较低时，必须做好充分的准备运动，提高肌肉温度，从而增加柔韧性；当外界温度较高时，应排除汗液降低温度，以免肌肉过早出现疲劳而降低关节的柔韧性。

五、足球运动对提高灵敏性的影响

（1）在比赛中快速灵活地改变身体状态。运动员在比赛中常常要做急停、突然变向、转身、跳起顶球等不同的动作，身体的状态常常会影响到动作的效果，因此运动员要能够在比赛中根据情况快速灵活地改变自己的身体状态，以达到完成技术动作的目的，并保护自己不受伤害。

（2）及时合理地调整自己的身体平衡。运动员在比赛中完成技术动作时，常常会在非正常的状态下或者是破坏身体平衡的状态下完成动作，如翻滚、鱼跃冲顶、凌空倒勾、倒地传中等。在完成这些动作时，运动员要调整自己的身体平衡，从正常的身体平衡进入非正常的身体平衡，完成了这些动作之后又要即刻恢复正常的身体平衡，如运动员倒地后迅速地爬起或站起。

（3）协调巧妙地保持人与球的紧密相随。运动员在比赛中常常要与防守队员进行直接对抗。为了越过和躲开对手对自己的防守和冲撞，或者是有意无意的犯规，常常要利用控制球的优势诱骗对手，使对手防守时失去身体重心或抢球动作的发力点或时机，从而使自己始终保持人与球紧密相随。

足球运动员的灵敏素质是运动技能和各种素质在运动过程中的综合表现。它要求运动员在极短的时间里有良好的判断能力，并且在完成动作过程中能准确、协调地处理好自己身体各部位及自己与对手或球之间在时间上、用力上、节奏上、空间变化上的合理关系。

现代足球运动对抗激烈、快速多变，要求运动员在极困难的条件下瞬间完成各种应答性动作，如各种虚晃、快慢动作交替的过人、突然加速或变向的摆脱跑位、在夹击和冲撞条件下的射门等。足球运动员所需要的灵敏，是在比赛中遇到突然变化的情况下，随机应变地采取快速、协调行动的能力。灵敏素质对动作的技、战术效果起着不容忽视的作用。

第二节　心理健康

一、心理健康的标准与保持

（一）心理健康的含义

心理健康是一个极其复杂的动态过程，涉及人的生理遗传、生活环境和社会环境等一系列错综复杂的变化。心理健康是个体健康的表现之一，它是个体能够持续对环境做出良好适应，并能保持旺盛的生命力，充分发挥身体潜能的心理状态和心理适应能力。

（二）心理健康的标准

1. 马斯洛的心理健康标准

有充分的自我安全感；能充分了解自己，并能对自己的能力做出恰当的评价；生活的理想和目标切合实标；不脱离周围现实环境；能保持人格的完善与和谐；具有从经验中学习的能力；能保持良好的人际关系；具有适度的情绪表达与控制能力；在不违背集体意志的前提下，能有限度地发挥个性；在不违背社会规范的情况下，能适当地满足个人基本需要。

2. 世界卫生组织提出的心理健康标准

具有健康心理的人，人格完整，自我感觉良好，情绪稳定，且积极情绪多于消极情绪；有较好的自我控制能力，能保持心理平衡；自尊、自信、自爱，而且有自知之明。

一个人在自己所处的环境中，有充分的安全感，能保持正常的人际关系，能受到别人的欢迎和信任。

心理健康的人，对未来有明确的生活目标，有理想和事业上的追求，并能脚踏实地、不断进取。

3. 我国的心理健康标准

对自己有正确的认识和恰当的评价；正视现实并对现实环境有良好适应；建立和谐的人际关系；热爱生活，献身事业；保持健全的人格；能协调情绪，保持良好的心境。

尽管对心理健康的评价标准不尽一致，但是在认知能力正常、情绪稳定、个性健全、人际关系良好、充足的自信心和耐受力等方面，大家的认识是统一的。

（三）影响心理健康的因素

人既是有机的自然个体，也是参与社会活动的成员，既要进行自身的新陈代谢，也必须适应周围的各种环境。人类只有在生理上和心理上不断地调节自身来适应周围环境的变化，才能有健康的生活和积极向上的进取精神。通常周围环境的各种刺激都会诱发人产生生理和心理的变化，是积极的或是消极的，都取决于个体对刺激的认知、评价和情绪体验以及对它的应答能力。因此，对影响健康心理的因素问题，应从人的主观因素和客观因素来考虑。

1. 生理和遗传因素

人的心理活动不是遗传的，主要是在后天的社会生活环境影响下和在社会实践活动过程中形成和发展起来的。但是，一个人的气质、能力、性格和神经系统的活动特点的某些成分会明显地受到遗传因素的影响。

另外，一个人的生理结构的损害会引起人不同程度的心理异常。例如，甲状腺机能紊乱可出现心理异常的表现及智力、性格的发展异常，微生物感染所导致的脑炎、中枢神经系统等异常，可导致器质性心理障碍或精神失常，并可阻抑心理与智力的发展。

2. 心理和社会因素

随着社会的发展，影响心理健康的心理和社会因素是复杂多样的，其中影响较大的有家庭环境与早期教育、生活事件和环境变迁、都市化等。

（1）家庭环境与早期教育

家庭是影响个体早期心理健康的重要因素。早期母婴关系和稍后期的儿童与父母关系，对儿童长大以后的人际关系和社会适应性会产生很大的影响。特别是儿童早期与父母建立和保持良好的关系，会对孩子的心理健康产生积极的促进作用。相反，则会产生消极影响。

（2）生活事件与环境变化

人们日常生活中遇到的各种各样社会生活的变动即为生活事件，如考试、升学、亲人病故等。这需要个体付出很多的时间和精力去调整和适应因这一事件所带来的生活变化，从而减轻精神压力。生活事件造成的精神越强烈持久，对心理和生理平衡的影响就越大。环境变迁也是重要的生活事件，人需要一系列的适应过程。

（3）都市化

都市化在促进工业的发展、商业繁华的同时，又必然导致人口密度增加和住房条件恶化等一些社会问题。由于繁杂的人际关系、噪声、交通拥挤等影响，人们常常会产生烦躁的情绪。特别是住房拥挤、居室封闭度较高，使人与人之间的交往减少，使焦虑、恐惧、寂寞等对身心不利的异常情绪的发生概率大大增加。

（四）培养健康的心理

我们确定健康心理的标准或分析一个人的心理活动是否符合心理健康的标准是容易的，而培养一个人的健康心理却是十分困难的。因此，对如何培养或者说通过什么措施培养人的心理健康进行研究，是十分必要的。

1. 树立正确的人生观是培养健康心理的基础

个人能否以乐观进取的态度去面对社会和人生，决定着他的人生目的、人生价值和人生态度。生活在现实社会，不可能出现世外桃源的情景，一个个接踵而来的残酷现实、一件件不公的社会问题、一次次的希望与失望……都是每个人无法回避的。我们应以乐观进取的人生态度，冷静思考自身所处的环境及周围所发生的事情，理智应对，把眼光从"自我"移向社会，按照社会的现实要求和一般处事方法来学习和生活。通过增强竞争意识，提高竞争能力，扩大社会视野，丰富社会阅历，主动、自如地适应社会，保持正常的心态，避免心理的失衡。

2. 形成正确的理想观是培养健康心理的保障

理想是人生的动力源泉和精神支柱。崇高的理想可以点燃人的激情，激发人的才智，发挥人的潜能和价值。"一个人追求的目标越高，他的才能就发挥得越快，对社会就越有益，我确信这也是真理"，高尔基的这段名言是对理想作用的精辟概括，闪烁着真理性的光辉。有了崇高的理想，会使人在黑暗中看到光明，在平凡中看到伟大，在困难挫折面前充满信心，在暂时失败中坚信胜利。

3. 具备良好的人际交往能力是培养健康心理的有效途径

人际交往是一种以个人为对象，彼此联络感情，协调关系，寻求心理需求满足的活动方式和活动过程。纷繁复杂的人类社会是人际关系耦合的网络系统，而人际交往是将个人与个人、个人与群体联结成社会网络必不可少的纽带。正常的人际交往可以获得他人的支持和帮助，可以减轻失望的痛苦和悲伤，可以驱散心灵的迷茫和仇恨。因此，不断提高个人的人际交往能力是培养健康心理的有效途径。

4. 掌握一定的心理学知识，提高自控能力

通过学习掌握一定的心理学知识，懂得心理健康的理论，努力培养自己健康的心理，培养坚定、顽强、乐观、开朗的性格，调节控制自己的情绪、情感，注意保持心理健康。

5. 正确对待挫折，增强耐挫折能力

古人云："人生不如意事十之八九"。这充分说明了在个人的生活旅途中，挫折的概率较大。如果过高估计自己的优势，盲目乐观，对遭受挫折的适应能力较差，就特别容易造成心理障碍。因此，面对挫折，我们要保持清醒的头脑，调动自己的心理防御机制，缓解和排除因挫折引起的不良情绪的困扰，以减少内心的痛苦，恢复心态的平衡与稳定。

6. 积极参加体育活动，增强身体素质

身体是心理的载体，健康的心理寓于健康的身体之中，健康的身体是保持健康心理的物质前提和保证，否则，身体疾病带来的痛苦则会影响人的心理健康，造成人的情绪情感低落、消沉、冷漠。当然，心理疾病也会导致身体疾病的发生，因为人的心理和人的生理是相互影响、相互作用的。

（五）心理的自我调适与心理咨询

为保持心理健康，有了心理障碍和心理疾病，必须及时医治、消除。否则，或者发展为精神分裂症，成为精神病患者，久而久之，就会影响身体健康，影响学习和工作；或者丧失生活的信心，甚至导致轻生，造成自杀的严重后果。消除心理障碍的途径：一是靠人自身的自我心理调适；二是靠请心理医生诊治或进行心理咨询。

1. 人自身的自我心理调适

所谓心理的自我调适是指人自身根据自己心理情况的变化，及时调整心理状态，以达到心理平衡，解决心理矛盾，消除心理障碍的方法。进行心理自我调适的方法主要有：转移视线法、自我解嘲法、自寻开心法、端正认识法、破除假想法、倾诉法、放松法、宣泄法等。

2. 心理咨询

如果一个人通过心理自我调适后，仍无法解脱心理的焦虑和痛苦，心理仍无法处于平衡状态时，就应及时地求助于心理咨询机构，通过心理咨询的途径来减轻或消除心理障碍和心理疾病。心理咨询是咨询心理学家帮助咨询者解决心理上的疑难问题，从而解脱其心理上的苦恼，增长其应付各种事情的能力，改善其人际关系，以提高其适应和调节周围环境的能力，促使其身心健康，实现心理平衡的方法。

二、足球运动对心理健康的促进作用

对于一个健康人来说，长期进行科学、适宜的足球运动，不仅可以改善人的心理健康水平，还可以降低人的焦虑水平，发展积极的情绪。对于患有心理疾病的人来说，通过长期科学、适宜的足球运动能较大程度地改善心理状态。

（一）足球运动是体育锻炼中控制人类社会进化的有效手段

在社会日益都市化的今天，自然和社会、身与心、形与神的相互联系是社会的需要、时代的追求。几百万年来，人类身体的发展基本上是一种自然发展，不被人类所控制，而社会的进步、科学的发展使人类认识到人类进化是可以控制的。体育锻炼就是控制人类社会进化的一种有效手段，体育锻炼中的足球运动不仅是身体和心理的磨炼，更是一种愉悦的享受，它使人身体健康、心情舒畅，缩小了人类和社会发展的差距，致使二者同向发展。

（二）足球运动促进性格、气质的形成和发展

足球运动塑造人的心灵，促进个性气质的发展，两千多年前，荀子曰"形具而神生"，即精神要依赖于身体，游乐身体才有精神。有多少种体质，就有多少种不同精神、不同性格和不同风俗习惯。心灵随着肉体的进展而进展，就像随着教育程度的进展一样。现代足球的发展进一步证实了前人的观点，它告诉我们：在创造健壮形体的同时，足球运动也是一种欢快的运动，它使人身体健康、心情舒畅，有利于塑造一个愉快、开朗、健康的心灵，促进个性气质的健康发展。

（三）足球运动能培养自我、家庭、集体、社会的责任感

解剖自我，认识自我，迎接挑战，运动过程就是人的新价值的形成过程，而这种价值积累是其他任何社会教育运动所不可替代的，它具有一种培养人的特殊含义。足球运动这种形式使人乐于与他人交往，不仅接受自我，也能接受他人，悦纳他人，能认可别人存在的重要性和作用，同时也能为他人所理解，为他人和集体所接受，使人际关系协调和谐。足球运动使人和集体紧紧地融为一体，

既能共同享受胜利的快乐，又能共同分担失败的痛苦，这种气氛能使人产生安全感，对自己的力量充满信心，正确对待生活、学习、工作中的各种困难和挑战，待人接物适当、灵活，对外界刺激不偏颇，能够与社会的步调合拍，也能和社会、集体融为一体。

体育社会学家告诉我们体育运动中传播的精神、原则、体育道德等，具有很高的社会理想价值，足球运动中树立公正、守法、竞争、协作、团结、友谊、谦虚、诚实等道德观念，是社会不可或缺的规范文化，对于青少年乃至全体社会成员都具有教育意义。

三、与足球运动有关的良好情绪体验

足球运动除了上述情绪功能外，它还为参与者提供了一个体验"尖峰时刻"的机会，这种体验可以提高人们的生活质量。尖峰时刻包括了最佳表现，流畅体验，跑步者或锻炼高潮，以及高峰体验等良好的情绪体验，它们是奖励性的、难忘的和强有力的个人体验。

尖峰时刻经常出现在足球运动中，而且是对身体运动的一种特殊而有价值的自我奖赏。

（一）最佳表现

最佳表现是指一个人在某项运动中的行为超越了其自身正常水平的现象。虽然这种表现未必是创世界纪录的水平，但一定是在某种特定情境下超越自己平常能力的表现。它可以通过足球运动表现出来，比如身体力量、运动才能、创造性的表达、智力学习，甚至日常工作。

最佳表现具体有如下的特征：清晰的注意指向；高水平的行为表现；对运动任务本身的迷恋；自发产生，不期而至；强烈的自我意识；对个人实力的意识；极大的满足感；发生的短暂性；对这种卓越状态的不可描述性。

（二）流畅体验

流畅体验是一种理想的内部体验状态。在这种状态中，人们忘我地全心投入足球运动中，从运动过程本身体验到乐趣和享受，并产生对动作过程的控制感。人们似乎表现出不惜代价去从事该运动，所从事的运动过程本身就是目的。流畅体验的核心元素是享受，它是人们所发掘出的一种内在的乐趣和享受。

（三）高峰体验

高峰体验是人在足球运动中所产生的强烈的情感状态，如喜悦、兴高采烈、极大的乐趣以及精神启迪。这一高峰体验可产生一种强烈的自我意识和冲破外部阻力的自由感，而且可以理解为"极度欢乐的时刻"。马斯洛认为高峰体验是个体在生活中最兴奋、最满意和最有意义的时刻，并认为高峰体验对生活质量有极大的影响。

（四）跑步者高潮

跑步者高潮可能是足球运动中尖峰时刻特别是高峰体验的一个特例。在跑动中出现运动高潮是从事这项运动的人通常描述的一种共同体验，也称"身体锻炼快感"，因为在其他的身体锻炼中也会出现。这种状态是在跑步中瞬间体验到的一种欣快感，通常是没有预料地突然出现。高潮出现时，跑步者的健康幸福感高涨，对大自然的欣赏大增，而且有强烈的时空障碍超越感。

描述跑步者高潮的词汇常常有：欣快、非同寻常的体能、动作的优美感、精神焕发、个人潜力的突然实现、瞬间的完美、运动毫不费力以及时空的停滞感等。

在足球运动中最佳表现代表着个体卓越的机能和出色的行为，它可能促使人们产生对特定任务的胜利感、个人能力的卓越感、对技能的控制感以及自我效能感。这些感受几乎渗透在个人生活的每个方面，它们可能会促进人们产生强烈的生活满意感和健康幸福感，对于心理健康十分重要。

在足球运动中，高峰体验包含着强大的乐趣和从事运动时兴高采烈的情绪。这种乐趣和兴高采烈的主观感觉可能会影响人总体的生活满意感，它是心理健康的重要标志。而流畅体验是在足球运动中个人能力与任务难度相匹配时产生的内在享受，如成功过人或射门进球，它是一种乐趣和享受，并能产生控制感。流畅体验可能增加人们的快乐并提高人的健康幸福感，而这也是心理健康的重要标志。

第三节　社会适应能力

一、足球运动与价值观

价值观念是文化观念的核心，也是文化精神的集中体现，它是人们对社会经济活动的价值判断或价值取向。在现实生活中，同样的事物对有的人有价值，对有的人则没有价值，对有的人价值大，对有的人价值小。人们在认识事物及其属性的基础上，从自身需要的角度出发，确定各种事物是否有价值及其价值大小，从而确定活动的价值取向。

不同的历史时期、不同的社会制度，决定了人们价值观的差异性。但是，人们的价值观又必须与自身所处的时代实现高度的统一，才能成为真正的社会人。社会的价值观尽管因时代、制度不同而对价值观所包含的内容的价值取向不统一，但都离不开对和平、自尊、幸福、才智、成就、友谊等具体价值内容所持的态度和行为。足球运动因其宗旨、方式、结果，对价值观所涵盖的内容具有积极的影响作用，所以，它可以培养、塑造人们适应当今社会的正确价值观。

（一）足球运动促进人们和平相处

人们渴望和平、追求安定，只有国际的和平、社会的安定，才能有经济的发展、社会的进步、人民群众的安居乐业。虽然足球运动是竞争，但它是建立在统一规则基础上的和平竞争，足球运动可以规范人的和平行为，足球运动在潜移默化中使人们养成了和平的价值趋向。

（二）足球运动能体现付出与收获的关系

大到体育健儿在奥运赛场上为国争光，持之以恒地以超人的付出换取领奖台上辉煌；小到每一个体育锻炼者的踢球或打拳，以自己亲身的实践锻炼，达到自身体质的增强。足球运动在付出与收获上的因果关系，最能直接地使人们领悟成功的喜悦要靠平时的奋斗获取，辉煌的成就是由汗水铸成的。因此，可以通过足球运动培养人们拼搏进取的人生观。

（三）足球运动可以使人们崇尚知识、崇尚人才

人们从公平的竞争里，逐渐体会认识到足球比赛不仅是速度的角逐、力量的抗衡，更是技术的较量、战术的拼杀，知识与力量的交融。因此，从足球运动的优胜中人们可以进一步领悟到要想在激烈的竞争中立于不败之地，必须崇尚知识、崇尚人才。

正是人们从足球运动中可以形成以上优秀的价值取向，所以，积极主动地参加足球运动将有效地形成和提高人们适应社会的价值观。

二、足球运动与社会角色

足球运动的重要功能之一，就是能对人的有机体施加影响，它不仅能影响到人体的生理属性，还能影响心理属性，促进身心的健康发展。在以上两种功能的基础上，足球运动同时还能作为社会教

化的手段来促进个性的形成与发展。

人要在社会中生活，就必须在满足社会各方面需要中，寻找每个人的位置，扮演某一角色，而要想真正达到适应社会成员的条件，就需具备承担某一角色的知识和能力。不同的社会角色区分了社会行业和每个社会成员的职业，不同社会角色成员的组合，构成了五彩缤纷的社会。足球运动依其场上位置的分工与协作要求，锻炼着每位参与者的适应性。

（一）足球运动所固有的特性，直接影响着人们形成适应社会需要的个性

个性是指个人在其生理和心理素质的基础上，在一定社会环境条件下，通过实践锻炼和陶冶，形成的观念、态度、习惯和行为。它是一个人比较稳定的心理素质、生理素质和社会行为特征的总和，是一个人能否适应社会或能否被社会接受的关键因素。

人们的个性心理特性包括人的能力、气质和性格等内容，其中决定一个人个性的重要因素是一个人的性格。人的性格多种多样，有的人热情、坚定、果断，有的人冷漠、动摇、懦弱，有的人固执、自信、骄傲，也有的人优柔、谦和、自卑。但不管哪一种性格，其形成都与体育锻炼有着密切的关系。

1. 足球运动对人的个性形成具有调整功能

足球运动需要有体力、智力、情感和行为的参与，同时还要求人们有较高的体能和技能的投入。因此，足球运动中要求人们必须接近和突破自己的极限。正是由于这一过程和感受的出现，每一位锻炼者在锻炼过程中有许多机会发现自己个性中的优秀部分，找到自己的不足，并决定采用何种方式巩固、提高自己的长处，克服、改进自己的短处。由于足球运动能够形成正确的自我认识、自我意识、自我发现和自我改造，所以足球运动可以使人形成和发展个性以及实现人的社会化。

2. 足球运动对人的个性形成具有约束作用

每一位参加足球运动的人，都不同程度地接受团队战术的约束与限制，接受团队战术的督促与激励，促使每一位锻炼者适应群体的要求。这其中不仅是技术的、技能的，还包括精神的。优异者将得到赞扬和激励。足球运动参与者正是为了取得与自己相适应的地位而不遗余力地拼搏。

3. 足球运动可以使人形成积极向上的个性

足球运动中的主动积极性对参与者个性的形成所起的作用，源自锻炼者在自我意识的调整下，表现出人更主动、更积极、更自觉的锻炼需求，并以此达到体质增强和技能提高。但是，此目标的实现，又必须依靠重复的努力、持久的练习，在日复一日、年复一年的艰苦磨炼中，提高自己的技术、战术水平。这种顽强拼搏进取的精神，对个性的形成与发展具有重要的影响。

4. 足球运动可以培养人们具有丰富情感的个性

现代社会决定着现代人的情感，情感不仅表现为强烈的责任感、道德感、执著追求感，而且包含理性感和转移感。足球运动的自我意识感、群体约束感和主动积极感，激励着参与者以高度的责任感，来达到与同伴的合作；它以约定俗成的道德，规范着参与者的行动；它以执着的追求感，驱动着参与者竭尽体力、技术和全部的能力，去实现自己奋斗的目标；它以复杂而快速的转移感，使参与者领略着成功的欢欣和失败的痛苦。足球运动给人们提供的情感体验是复杂多样的，顺应了现代人对情感的多方面的需求。因此，著名的体育社会学家卢元镇先生曾这样概括："在大众体育里，人们可以得到对集体、社团的信赖感、依托感；在家庭体育里，成员们可以在和睦欢乐的气氛中，享受天伦之乐的归属感和稳定感；在娱乐体育里，人们因愉悦感和快感，而情满胸臆；在探险运动中，人们因征服自我，而增强自豪感和征服感；在竞技运动中，人们在成功与失败、荣誉与耻辱、竞争与退让乃至生与死之间拼搏选择，享受着各种复杂情感的折磨和冶炼。"足球运动有着以上丰富的情感体验。

（二）足球运动是培养人们胜任社会角色的有效途径

社会结构需要各司其职的人员组成。每一个社会角色，都代表有关的行为期望与规范。足球运动场合，恰好能为人们体验社会角色提供优越的环境与适宜的条件，可为人们提供尝试社会角色的各种机会。

所谓足球运动中的角色，是指个人在由足球运动而结成的社会关系中所处的地位。这种地位有其权利、义务和相应的行为。例如，足球课上的教学比赛，两队各自的前锋、前卫和后卫等各个角色，都是在自己所处的位置上，通过与该位置相适应的角色行为而融入相互的社会关系。再如，足球守门员和场上队员，承担的角色不同，守门员可以在规定的区域内用手触球，而场上其他队员就只能用手和手臂以外的其他部位触球，场上队员只要不与守门员交换身份，就没有在该规定区域内用手触球的权利和义务。此外，权利与义务又伴随行为过程而发生。因此，权利、义务与行为的总体构成了指定的角色。在由足球运动而结成的社会关系中，每个角色都有获胜的权利、获胜嘉奖的权利和按照规则进行技术动作行为的权利，同时也有遵守足球运动规范、道德规范和技术规范的义务。运动场景在许多时候都是通过角色学习出现的。同时，群体内的每个角色或位置，又是相互关联的。

足球运动中角色的学习，可以使练习者懂得社会角色是与人们的某种社会地位、身份相一致的一整套权利、义务的规范与行为模式，也可使练习者体会到经过个人努力是可以成功扮演各种角色的，从而体验出人的主观努力是改变社会地位的重要途径。

三、足球运动与人际关系

在个体社会化过程中，首先要面对的是建立好人际关系。人际关系反映了人与人之间互动中所获得的心理满足。没有相互交往，个体的社会化过程就无法实现。在社会活动中，人们相识、交往的过程必定会产生心理效应。人们在日常生活、工作和社会活动中会谋求与他人建立一定的感情联系，满足心理需求。友好和亲近的关系会带来正面心理满足，促进身心健康。相反，厌恶和仇视的关系带来压力和焦虑，有害于身心健康。因此，人际关系的本质是人的情感的社会交换，而良好的人际关系则是良好社会关系的具体表现。

（一）足球运动可以提高人的沟通能力

一个人与他人沟通及关系的状况，是其生活品质的最为主要的方面。生活的丰富、事业的成功，以及与别人稳定情感关系的建立和维持，都离不开沟通。试想一个不具有沟通能力的人，怎么能与他人交流思想感情？一个不具备完全、准确表达个人意志和意图的人，又怎能让对方给予充分的理解和支持？对于使人真正具备沟通能力、掌握沟通方式，足球运动将发挥重要的作用。

由于足球教学和足球运动的特殊性，每一个动作技术都是在老师的讲解示范和参与者的练习实践中进行的，因此在对动作技术纠正的同时，处处存在相互练习中自我完善的沟通，同时还存在相互配合的默契沟通。这种沟通不仅具有直观性、及时性和准确性，而且是主动性沟通、注意力集中性沟通和信息交流充分性沟通的典型体现。因此，经常参与足球运动，对提高人的沟通能力，形成良好的人际关系，将产生积极的影响。

（二）足球运动可以增强对身体语言的理解和使用能力

身体语言是沟通的有效方式之一，是社会交往过程中必须具备的能力。我们可以从不同的身体姿势所代表的含义中，去理解对方的寓意，也可以通过身体语言向对方表达自己内心真实的感情。缺少了身体语言的沟通能力，我们不仅可能将对方的身体语言表达置若罔闻，不能进行准确的诠释，使信息发出者得不到应有的反馈信息，失去一次又一次的联系，而且也有可能让别人感觉到我们是情感淡漠、不易接近的人。足球运动作为社会文化的组成部分，在劳动人民的创造和实践中，不断地丰富着它艺术表现的内涵。因此，世人曾用优美的词句把足球运动的动作赞美成"巴西桑巴""欧洲拉丁舞"。的确，足球运动对提高人的身体语言表达能力是无与伦比的。即使是普通的足球动作，也能提高参与者的协调和柔韧性，使参与者在练习中寻找美的身姿，使参与者在练习中体会动作外观与内涵的统一。因此，足球运动可以发展自己的身体语言，使之在社会交往中发挥作用。

（三）足球运动可以改善自我意识水平、移情能力和社交技能

足球运动是一种集体项目，每个队员在其担当的角色中都应很好地尽其角色的权利和义务，达到与同伴的协作和默契配合。教师或教练的评价是阶段性的，观众的评说又带有滞后性。因此，随时随地进行自我意识的体会，是自己改进技术动作、调整比赛战术的重要手段。通过足球运动所形成的自我意识行为，在不断运动实践中将变为一个人的自觉行动，将这种能力运用到社会交往中，就可以了解自己的真实面目和别人对自己言行的真实反应，提高自身的社交能力。

足球比赛经常出现因某一队员故意犯规而激怒对方，裁判员的反判、错判会造成队员的情绪激动，队员也会因比分落后而出现急躁，或因胜利在望而放松警惕等，在此状态下队员也会表现出一系列特殊行为，如能准确判断和迅速采取相应措施，比赛就有可能发生转机。如果我们把足球比赛中养成的对别人所表现出来的真实的情绪状态和行为做准确理解的习惯运用于社会交往中，就能够掌握如何对别人做恰当而又为社会所接受的反应，提高我们的社交能力。

四、足球运动与现代生活方式

生活方式受一定社会生活条件制约，如生产方式、社会政治制度、文化观念等，从而使生活方式留下了时代的印记。现代社会的发展趋势突出表现为经济快速发展、科学技术高度发展、生产劳动自动化和效率化、文明程度不断提高和物质生活空前丰富。科学技术在为人类提供了现代化的工作与生活条件的同时，也给人们带来了过度的心理刺激。注意力稀缺、不断面临新的选择、不断适应新的情况等，使人压力重重。如果不能适应现代社会生活的高节奏，就会在生理上或心理上出现障碍，最后导致所谓"现代文明病"的发生和人体健康水平的下降。

从传统人向现代人转变的过程，就是人的现代化过程。在这一转化中足球运动所产生的影响为：第一，足球运动传播着现代人的社会知识；第二，足球运动灌输着现代人需要的行为规范；第三，足球运动培养着现代人正确的价值观念；第四，足球运动支撑着现代人树立生活目标；第五，足球运动锻炼着现代人具备社会角色的能力。

（一）足球运动可以缓解、转移现代化生产方式所造成的疲劳

随着生产力水平的不断提高，脑力劳动负担日趋增长，而体力劳动将逐渐下降。因劳动而产生的疲劳，也从全身性转向大脑局部、转向高级神经系统。劳动性质的变化，又势必导致人们生活方式的变化，并对人们身心健康产生不良影响。

足球运动具有实践锻炼特性，它不仅可以通过肢体的运动，使高度疲劳的神经系统得以休息，而且可以缓解精神紧张，调节全身的平衡。因此，足球运动可以在现代化生产劳动的生活方式中，发挥着越来越大的协调作用，它可以预防和消除现代化生产劳动给人们所带来的精神的和肉体的不适应。

（二）足球运动可以提高人们对现代生活节奏的适应

由于生活节奏的加快，人们不得不调整顺应新的生活节奏，而足球运动就成了重要的适应性锻炼手段。一些实验和社会调查证明，经常参加足球运动的年轻人，对生活节奏的改变具有较强的适应能力。这是因为在足球运动中人们所掌握的多种运动技能和快速运动的方式及节奏感，有利于他们在完成各种生产、生活动作时，做到准确、协调、敏捷，减少多余动作出现。参加足球运动对人体的神经系统、心血管系统的锻炼，更可以提高人体对快速节奏生活的应变能力和耐受能力，同时也可以帮助人们克服对快节奏生活的抵触、恐惧、烦躁和焦虑等心理障碍，抑制身心紧张。足球运动还可以扩展人们的生活空间，它号召人们到户外去，到大自然的怀抱中去。

（三）足球运动可以丰富余暇运动的内容

由于余暇时间的增多，余暇运动自然而然地成为人们现代生活的一部分，融入了现代生活方式之中。余暇运动的内容有许许多多，但随着人们健康意识的增强，把足球运动作为余暇运动内容的人也越来越多。在余暇时间里进行足球运动，既可使疲劳的身体得到积极的休息，使人们精力充沛地再投入工作学习，又可使体质增强，体格健壮，从而使身体各方面的适应能力得到提高。因此，为适应现代生活方式，增强人的社会适应性，就应该提高对足球运动的认识，更好地掌握这种自我锻炼的方法。

第六章 营养膳食

第一节 合理膳食

一、运动员膳食中常见的问题

国内外大量的不同运动项目运动员膳食营养调查发现，运动员的膳食的失衡涉及多个方面。这些失衡使运动员的机体代谢处于紊乱状态，使训练效果不佳，疲劳难以消除。我们对中国国家足球队的营养调查结果显示，他们的膳食存在以下四个方面的问题。

（一）碳水化合物（糖）摄入严重不足

碳水化合物也简称为糖，这个糖不仅仅指我们所吃的砂糖或块糖这一类简单糖，更多的是指主食如米、面、土豆、白薯、点心等中的复杂糖，其含量高达 70％以上。随着生活水平的改善，运动员的伙食水平不断提高，食堂的管理人员和运动员把摄入更多的动物性食品作为伙食水平是否提高的唯一标准。相比之下，碳水化合物的摄入则几乎完全被忽视。按照合理的膳食要求，每天的食物中碳水化合物所提供的能量应占总能量摄入的 50％～60％，耐力运动员则要求达到 65％或更高。足球运动以有氧运动为主，最好能够达到 60％。对国家男子足球队运动员的膳食调查结果表明，他们摄入的碳水化合物平均只有总能量的 43.6％，没有一个人能达到 60％的水平，最高的也只达到 53％，摄入碳水化合物最少的运动员只有 36％，近半数运动员不及 40％。最近的营养调查表明，中国女足的碳水化合物摄入水平明显优于男子足球运动员，平均达到了 54.3％，有 2 名运动员超过了 60％，未达到 50％的运动员只有 2 人，而且均为守门员。波多黎各、西班牙和苏格兰的运动员虽然没有达到 60%，但是他们都达到了 50% 以上，优于我国男子足球运动员。看来碳水化合物摄入的不足在我国男子足球界是一个很突出的问题。

为什么要主张多吃主食呢？因为主食中高含量的碳水化合物是运动员训练和比赛时的最佳能源，具体如下。

（1）碳水化合物供能迅速。

（2）在以碳水化合物为燃料时，需要的氧气少。消耗同样量的氧，以碳水化合物为燃料比用脂肪为燃料产热量高 4%～5%。这对从事高强度运动时，机体相对缺氧的运动员无疑是有益的。

（3）碳水化合物在无氧的条件下仍然可以通过糖酵解提供能量 ATP，这是足球运动员冲刺和快速反应所必需的，也是脂肪和蛋白质供能时所不能得到的。

碳水化合物燃烧的最终产物是二氧化碳和水，不会增加体液酸度，减轻疲劳的发生。

运动员膳食中碳水化合物严重缺乏状况会严重制约运动员的训练质量和运动能力。不同训练水平的足球运动员在体能上的要求是不同的，所以他们的膳食中碳水化合物占总热能的比例也是不同的。训练水平越高的运动员，碳水化合物的比例也应该更高。所有级别的足球运动员的蛋白质的摄入都应该占总热能的 10%～15%，因此，为了保持能量摄入的总量不变，高训练水平运动员在增加碳水化合物摄入量的同时，必须严格控制和减少脂肪的摄入。

（二）脂肪和蛋白质摄入过多

合理膳食中脂肪和蛋白质的发热量应分别为总热能的 25%～30% 和 12%～15%。中国国家男子足球队运动员膳食中脂肪的热能比最高可达 36.9%±5.2%，蛋白质高达 20.9%±2.0%，均超过了理想的最高水平。波多黎各、西班牙和苏格兰的运动员的蛋白质摄入量均在理想水平。西班牙运动员脂肪的摄入正好在理想水平，波多黎各和苏格兰运动员的脂肪的摄入略优于中国运动员，也在总热能的 32%～34% 的高水平。由以上数据可推断，运动员膳食中低碳水化合物和高脂肪在足球界也是一个国际性问题。

与男子足球运动员不同的是，中国女子足球运动员的蛋白质和脂肪的摄入比较合理，分别为 16.8%±2.0% 和 29.0%±6.1%，除蛋白质的摄入略高一点以外，基本上在理想水平。

过高的脂肪和蛋白质摄入对运动能力有害无益，其主要的弊端如下。

（1）过剩的脂肪和蛋白质造成热能过剩，增加体重（主要是身体脂肪）。

（2）蛋白质和脂肪代谢加重肝肾的负担，并产生酸性代谢产物使体液酸化，从而导致疲劳过早发生。

（3）过多的膳食脂肪使肠道内铁和蛋白质的吸收降低；过多的蛋白质摄入造成钙丢失和脱水。

（三）部分维生素摄入不足

我国足球运动员的膳食调查表明，维生素 B_1 摄入缺乏。我们摄入的碳水化合物、脂肪和蛋白质要燃烧变成热能，必须有 B 族维生素参加。在运动员碳水化合物摄入严重不足的情况下，B 族维生素的缺乏将更进一步加重运动中能量供应的不足。

（四）运动中忽视了水的及时补充

水占人体的 65%，它在体温调节，氧、二氧化碳、营养物质和代谢废物的运输及各种代谢过程起不可或缺的作用。研究表明，运动中丢失水得不到及时的补充，将导致血容量的下降，从而增加心脏的负担，使心率过度增高。运动中失水达体重的 2%～3%（一节足球训练课的出汗量多在这个数量之上），即可使运动能力下降。足球运动是一个出汗较多的项目，即使在冬季，男子足球运动员的出汗量也高达每小时 0.75～1 千克以上，夏季可以高达每小时

1.2千克以上。

二、足球运动员膳食营养的特殊性

足球运动员首先要破除三个膳食上的错误观念。

(一)"吃主食发胖"的错误观念

运动员和一般人常说吃主食会发胖,因为主食中含大量的淀粉。主食中淀粉含量高达70%这一点不假,但是它不会造成发胖。因为人是否长体重取决于一天摄入的总热量的多少,摄入的总热量大于一天的消耗就会长体重。在增加主食的同时,减少脂肪和蛋白质的摄入,总热量不增加,体重也会很好地保持。

如前所述,碳水化合物是肌肉最好的能源,它能促进肌肉的功能,所以足球运动员对它的需要大于其他成分。一种最简单地记忆方法是你每一公斤体重,每天需要10克碳水化合物。例如,一个体重70公斤的运动员,一天需要700克碳水化合物,这相当于1斤4两主食。如果吃不到这个量的主食,就要以运动饮料来补足。足球运动员是一个"贫穷的、简单的、烧碳的机器",虽然碳看起来是很大一堆,但是身体需要它。在进行连续的训练和比赛时,这种需要尤其是真实的。

(二)"肉等于营养"的错误观念

绝大多数运动员食堂都采用自助餐的方式用餐,由运动员自己选择食物。由于不少运动员的头脑中有"肉等于营养"的观念,导致运动员把吃肉放在首位。有的运动员一天最多可吃3斤肉,这使脂肪和蛋白质的摄入量大大地超过推荐的需要量。运动员却因为过多的肉食造成体能下降。在过多肉食的同时,又会带来主食、奶、蛋、豆制品、蔬菜、水果摄入的严重不足。

（三）"不渴不喝水"的错误观念

我国运动员对水的补充缺乏足够的认识，常常用口渴作为补水的标志，实际上当人感到口渴时，其脱水的程度已经达到体重的 2％～3％，体能已经开始下降。运动员更不了解所补充的水中无机盐所起的重要作用，在训练中补充纯净水或茶。实际上补充不含无机盐或糖的渗透压过低的水，会造成更多的汗液的丢失，进一步加重脱水。

运动中运动员会很快脱水，脱水会造成体重下降，疲劳发生，甚至引起肌肉痉挛。水是肌肉发挥功能所必需的，超量的水对于糖原在肌肉中被动用也是不可或缺的。水的需要量取决于体重和性别。最简单的计算公式是：女子体重乘以 18，男子体重乘以 20 就是你每天需要的水的毫升数。一名 70 公斤体重的男子足球运动员每天的水需要量为 $70 \times 20 = 1\ 400$ 毫升。

在克服以上三个错误观念后，运动员通过营养学知识的学习和应用，逐渐会形成良好的饮食习惯，具体如下。

（1）坚持膳食多样、全面、适量的基本原则，合理选择膳食。按照食物结构的"金字塔"安排自己的膳食。坚持四多：主食、蔬菜、水果、奶制品（或豆制品）多；三少：油脂、肉类、油炸食品少的原则。

（2）多吃主食，使碳水化合物供能达到总热能的 55％～60％，甚至 65％。

（3）适量地摄入蛋白质（占膳食总热能 12％～15％）。

（4）通过控制烹调用油、多吃生蔬菜，选择低脂肪含量肉食，降低脂肪的摄入量（占膳食总热能 25％～30％）。

（5）鼓励多吃水果，生吃蔬菜，以增加维生素和膳食纤维的摄入。

（6）养成良好的饮食习惯，注重早餐和训练中加餐。

第二节 营养强化剂

一支足球队要想训练成为高水平的队伍，营养恢复的保障是不可缺少的条件。所谓的营养恢复手段除了合理膳食营养、医学问题的及时发现和解决、营养品的合理使用外，大强度运动后的营养学恢复措施也是非常重要的。营养学恢复的手段很多，我们可以根据运动员个体的实际情况选择使用。下面我们列举出一些运动员常用的营养学恢复手段。

一、系统补糖

我们给运动员提出的要求是，人人补糖、天天补糖、课课补糖。运动前补糖是为了尽量增加身体内糖的储量；运动中补糖是为了保持整个运动期的良好的血糖水平；运动后补糖是为了将运动中消耗掉的糖原以最快的速度通过再合成而得到恢复。几年来，我们在运动队采用的系统补糖措施证明，凡是能持之以恒的运动队，训练的效果就好，运动员训练后体能恢复快，伤病的发生率低，他们真正尝到了补糖的甜头，所以补糖已经成为他们的常规的恢复措施。而那些认为喝一点糖水不会有任何作用的运动员，嫌补糖麻烦，常常是三天打鱼两天晒网，这样的补糖肯定是达不到任何效果的。

二、1，6-二磷酸果糖的使用

要想通过训练使运动员的肌肉增长，训练的强度要足以造成肌细胞微结构的"损伤"，当这些"损伤"被修复后，肌肉就会有所增长。使用1,6-二磷酸果糖（Fructose Diphos Phate，FDP）可以促进我们机体自身的内源性的 FDP、二磷酸甘油和 ATP 成倍增高，增加心肌供血，使心肌收缩力加强，改善微循环，改善细胞膜的极化状态和促进缺血组织、器官的活动，具有抗氧化作用，能够抑制肌细胞产生自由基，这对维持细胞完整性，恢复和改善细胞膜功能有重要作用。以上这些作用对肌细胞微结构"损伤"的修复将起到积极的作用。口服的 FDP 可以作为常规使用，运动前 2 小时使用的效果最佳，它使用很方便，价格也便宜。当运动员训练的强度很高时可以间隔2～3 天静脉滴注一次，肌肉恢复会来得更快。

三、谷氨酰胺制剂的合理使用

谷氨酰胺对保护肌肉有明显的作用。研究表明，运动期间，机体酸性代谢产物的增加使体液酸化。谷氨酰胺有碱基产生的潜力，因而可在一定程度上减少酸性物质造成的运动能力降低或疲劳。另有研究认为，谷氨酰胺有使肌肉糖原聚集的作用，它可以加速肌肉糖原的再合成，有利于肌肉的恢复。在训练的不同阶段可以使用不同的谷氨酰胺制剂。平常训练期可使用"强力恢复冲剂"，它以L－谷氨酰胺为主要成分，配以葡萄糖、维生素、肌酸、牛磺酸等制成，运动后冲服 40 克即可加速体能恢复。训练后期，临近比赛的那一段时间可改用"谷氨酰胺胶囊"，它是一种纯的 L－谷氨酰胺制剂，它将提供高浓度的谷氨酰胺来增强免疫机能和加速体能的恢复。

四、高生物活性的蛋白质和氨基制剂

高生物活性的优质蛋白质和氨基酸包括乳清蛋白、酪蛋白、卵白蛋白及其水解产物（含二肽、三肽、游离氨基酸）、谷氨酰胺、鸟氨酸和 α-酮戊二酸合剂、支链氨基酸、牛磺酸等。运动员从事大强度运动，及时补充这些高生物活性的优质蛋白质和氨基酸，将使肌肉酸痛的时间明显缩短，这对连续大运动量训练将是大有益处的。

五、抗氧化剂的合理使用

前面提到，激烈的体力活动时高出于平时 2～3 倍的自由基将损伤我们的肌细胞，造成疲劳的早出现和疲劳的消除延缓。尽快清除机体的自由基成为体能恢复的一个重要方面。运动员除在膳食中注意富含抗氧化物质的水果和蔬菜的摄入以外。补充维生素 C、维生素 E、β 胡萝卜素和微量元素硒及绞股蓝皂苷、灵芝多糖和生命红素等保健品均能达到一定的清除体内的自由基的功效。

第三节　不适应及营养学调整

对于足球这样的在体能上要求很高的运动项目，高强度和大运动量的训练是必不可少的。超生理极限的大强度的刺激必然会造成机体的不适应和代谢失衡，并带来相应的医学问题。出现这些问题并不可怕，只要我们能够及时发现它们，并采取相应的有效措施，这些问题就会迎刃而解，运动员就会回到一个更高水平的正常代谢状态。足球运动员最容易发生的代谢失衡和医学问题包括以下五个方面：中枢神经系统的疲劳；低血睾酮；免疫机能低下；低血红蛋白，或运动性贫血；自由基损伤加重。

运动员在训练中出现以上的医学问题是一个逐步加重的过程，最初并无明显的临床表现。一旦出现临床病象，就难以恢复到正常的训练状态。为此，运动员训练期中定期的生化监控就显得非常重要了。因为在目前可采用的各种检测技术中，生化指标最能灵敏地反应运动员的各方面的机能状态，只要某生化指标发生了改变，就能初步判定运动员机体的哪一个系统出现了问题。根据这一判断，我们即可对症下药，使运动员的机体马上回到正常的状态，从而保证训练计划的顺利实施。下面我们就如何判断和处理运动员的医学问题，按照以下五个方面进行详细的阐述。

一、中枢神经系统的疲劳的防治

　　足球运动的运动量大，运动员在训练和比赛时要时刻注视着高速运动的足球，并对对手所采用的技术动作产生即刻反应，中枢是很容易发生疲劳的，中枢疲劳又会影响全身。运动中中枢疲劳的发生机制目前尚不十分清楚，从理论和现有的一些研究结果来分析，其原因可能有两个方面。其一是运动中作为能源的糖的供给不足。因为只有血中的葡萄糖可以通过血脑屏障，成为几乎是唯一的大脑活动的能源物质。当长时间运动中得不到糖补充时，血糖就会下降，从而造成大脑的活动能源供应不足，使中枢发生疲劳。如果运动员在运动训练过程中注意了糖的补充，就可完全消除这一原因造成的中枢疲劳。中枢疲劳的第二个原因可能涉及多种神经递质，如5-羟色胺（5-HT）、去甲基麻黄素和多巴胺等的代谢失调。在长时间运动中，脑 5-HT 浓度的增高会造成中枢的抑制，从而使疲劳提早发生。5-HT 生成的前体是色氨酸，过多的色氨酸可通过血脑屏障进入大脑后生成 5-HT 是造成中枢疲劳的原因。支链氨基酸如亮氨酸、异亮氨酸和缬氨酸也是同色氨酸一样的中性氨基酸，它们可以同色氨酸竞争进入大脑。如果血液中有足够浓度的支链氨基酸，就可以减少色氨酸进入大脑，从而防止中枢疲劳的发生。为此我们鼓励运动员摄入一些富含支链氨基酸的食品，或口服小量的支链氨基酸（每小时 0.01 克/公斤体重），以防止中枢疲劳的发生。但是支链氨基酸的补充不是越多越好，因为大量的补充支链氨基酸将增加血浆氨的量，氨对大脑有毒性作用，对肌肉也产生副作用。现在运动界使用得最多的是乳清蛋白，这种由牛奶中超滤出来的高生物活性蛋白含大量的亮氨酸（即 3 个支链氨基酸之一），可以预防中枢疲劳。

二、低血睾酮的评估和激活

长期大运动量训练可造成我们人体的一个最重要的内分泌体系，即下丘脑—垂体—性腺轴功能抑制。其表现是：血睾酮下降，运动员竞争意识下降，兴奋性差，训练后体力恢复慢等。按照常规要求，男运动员血睾酮值不能低于 570 克/分升，女运动员血睾酮值不能低于 38 克/分升。只有保持这样的血睾酮值，才有可能从事正常的训练。另外还要注意的是血睾酮值的个体差异较大，因此，把某一名运动员的睾酮测值去对比另一名运动员的睾酮值来评价该运动员的运动水平高低是不全面的，定期对运动员进行血睾酮的测试（至少每月 1 次），进行纵向比较更有意义。当你在测试中发现运动员的睾酮值低于上述的理想值，或开始大幅度地下滑时，应该在调整运动量的同时使用保健品。

教练员往往不愿意打乱自己的训练计划，舍不得花时间让运动员调整。实际上当运动员处于低睾酮状态时，训练的效果是很差的。这一状态下训练不但达不到增强体能的结果，有时还会适得其反，造成运动员的体能进一步恶化。给予运动员适当的调整时间，他们将会高效地投入调整后的训练，效果会更好，可谓磨刀不误砍柴工。

仅仅是进行运动量和强度的调整是不够的，为了使运动员内分泌功能尽快恢复，使用一些补剂是必不可少的。大量研究证明，一些中药补剂具有激活下丘脑—垂体—性腺轴的作用，这些中药补剂不含兴奋剂，它们促进运动员机体自身的睾酮的生成和分泌，不会对下丘脑—垂体—性腺轴产生副作用。

三、免疫功能的抑制的预防和治疗

运动员尤其是优秀运动员在大强度训练或比赛期间，急性运动、过度训练或竞赛时精神紧张等因素有可能引起机体免疫功能抑制，包括细胞免疫机能和体液免疫机能抑制。从而使机体对病原微生物易感性增高或所患感染性疾病症状加重。为此，长时间大运动量训练的运动员，尤其是平时好发生感冒而且感冒后不容易痊愈的运动员，系统的免疫学监控是十分重要的。一般采用较为简易和灵敏同时又能及时地反应运动员免疫机能抑制的指征包括：血清免疫球蛋白 IgG、IgA、IgM 和唾液 IgA（SigA）降低；血清谷氨酰胺浓度下降，大强度训练引起的低血浆谷氨酰胺水平低于 500 摩尔/升表明免疫状态不佳；辅助/诱导 T 细胞亚群（CD4）比例下降，细胞毒/抑制 T 细胞亚群（CD8）比例增高，从而导致 CD4/CD8 比的比例下降。一旦发现某一个指标不正常，立即采取相应的治疗措施。

四、低血红蛋白和运动性贫血的预防和治疗

足球比赛持续近 2 个小时，对运动员的耐力有很高的要求。运动员血红蛋白值越高，结合氧越多，输送氧也越多，有助于有氧代谢过程。与此不相适应的是足球运动员往往出现低血红蛋白。足球运动员的血红蛋白水平应该引起我们的重视。每星期应检查一次血红蛋白，当发现女运动员血红蛋白值低于 130 克/升或男运动员低于 150 克/升时，应采取相应的治疗措施。血清铁蛋白，是一个最灵敏的观测运动员机体内铁储存状况的指标，在做运动员机能状态生化评定时可以采用。因为最近有多篇研究报道认为，即使是血红蛋白保持在理想水平的运动员，在机体铁储备下降时，运动能力也会受影响。

目前我们采用综合措施来治疗运动员的低血红蛋白或运动性贫血，取得了满意的效果，这一综合措施包括铁制剂和红血球保护剂的联合使用。

（一）铁制剂

铁是红细胞生成的必需原料，多数运动员的低血红蛋白或贫血

与身体的铁储备不足有关，所以运动员要特别注重铁的补充。所有临床上使用的抗贫血的铁制剂如硫酸亚铁、枸橼酸铁铵、富马酸亚铁等均可以使用，但是它们往往有吸收差和胃肠道刺激的副作用。目前国内使用得较为普遍的是"生血铁"。该制剂以补铁为主，辅以促生血的多种营养素和中药活性成分，是专门为治疗运动员低血色素面设计的。"生血铁"中含有 2 种铁，即二胺四乙酸（Ethulene Diamine Tetraacetic Acid，EDTA）铁钠和动物蛋白铁。EDTA 铁钠是 EDTA 同铁的螯合物，是一种独特的生物活性铁。EDTA 在小肠迅速将铁释放出来，供小肠吸收，所以 EDTA 铁的吸收率比硫酸亚铁高 2~3 倍，而且有 12% 的铁被红细胞利用。16 名运动员分成两组，一组服用"威创生血铁"；另一组服用市售的某补铁剂，共 3 周。服用"威创生血铁"组运动员血红蛋白平均升高 10 克/升，与使用前比，差别有显著性。另一组运动员的血红蛋白也有所上升，但是同服用前比较，差别无显著性。更值得注意的是，服用"威创生血铁"的 8 名运动员中 6 名运动员长期低血红蛋白，使用过多种补血剂无效，服用"威创生血铁"取得了较明显的效果。

（二）红细胞保护剂

红细胞的平均寿命为 120 天。运动训练和运动中的缺氧会造成运动员红细胞的过氧化损伤，从而使红细胞过早衰老，寿命到不了 120 天。其衰老表现为变形、脆性增高甚至溶血。这就很容易造成运动员低血红蛋白或贫血。所以，从事大运动量和高运动强度训练的运动员要特别注重红细胞保护剂的使用。常用的红细胞保护剂有两类，即"1,6-二磷酸果糖（FDP）口服液"和抗氧化制剂。

1. 11,6-二磷酸果糖（FDP）

11,6-二磷酸果糖（FDP）可以促进红细胞内 ATP、21,3-二磷酸甘油酸含量增加，对组织缺氧、缺血起保护作用，运动员服用后红细胞数目增加，红细胞膜韧性增加。目前常用的 FDP 制剂有口服和静脉注射两种。口服的"威创活性糖"的主要成分是 FDP，同时还配有帮助消除乳酸的柠檬酸等成分，其作用效果比单纯的 FDP 更好。而且价格便宜，使用方便。运动前 2 小时服用3～6粒即可。静脉注射用 FDP 常用于超大强度训练后。

2. 抗氧化制剂

激烈运动中产生的自由基将造成红细胞膜的脂质过氧化损伤，使红细胞寿命缩短。抗氧化剂可以对红细胞起保护作用，从而防止运动引起的低血红蛋白或运动性贫血。

五、清除机体的自由基，防止肌细胞和红细胞受损

激烈的体力活动时，为满足能量消耗的需要，氧气的消耗明显增加，可以高达休息时的 10～15 倍。这一氧耗的增加可产生一种"氧化应激"。这一应激使机体处于相对缺氧，并引起自由基产生的增加。有研究表明，力竭运动后肝脏和肌肉的自由基增加 2～3 倍。与此同时，大强度运动时，机体的抗氧化物质的消耗也增加，这就降低了机体的抗过氧化能力。这两方面的作用的结果，可使运动员体内产生大量的自由基，这些自由基将侵袭人体所有组织的细胞膜，使细胞膜上的脂质发生过氧化。组织的过氧化损伤在运动员机体表现为疲劳提早发生，疲劳后难以恢复，从而使运动能力下降。

在人体，目前尚无简单直接的方法可估计体内自由基产生的多少。我们通常采用血清丙二醛（Malorchialdehude，MDA）这一间接指标来了解运动员组织受损的程度。因为（MDA）可以反映细胞膜脂质过氧化的程度。

机体的抗氧化物质有自身合成的，也有由食物提供的。研究一般认为，尽管抗过氧化物质并不能提高运动能力，从事体育活动和正规训练的运动员都应该补充富含抗氧化物质的食物。维生素 C、维生素 E、β-胡萝卜素和微量元素硒都是很好的抗氧化剂，运动员

可以通过多摄入水果和蔬菜来得到足够的抗氧化剂。国内多种以绞股蓝皂苷、灵芝多糖为生物活性物质的保健品，均具有一定的清除体内的自由基的功效，同时也能增强免疫功能。

第四节　膳食安排及营养补充方案

一、足球运动员训练期的膳食安排

足球运动需要有氧和无氧两种方式的供能，所以必须摄取足够的碳水化合物。获取碳水化合物的途径有多个。

在用餐时尽量选用高糖的食物。高糖食物包括：苹果、苹果汁、苹果酱、香蕉、豌豆、面包、任何可食用的谷类、樱桃、巧克力奶、玉米饼、葡萄、面条、燕麦片、橙子、橙汁、菠萝、菜豆、土豆、李子干、布丁、葡萄干、米饭、威福饼干、酸奶等。

训练和比赛时可使用含糖和电解质的运动饮料，如"高能固体饮料"分为运动前、运动中和运动后型（每堂训练课或比赛各使用1包，夏季可将运动中型增加到2包），这将明显提高训练的质量和效率。

为促进肌肉和的增长，保证足球运动员的力量和爆发力，足球运动员应该选用含脂肪低的优质蛋白。

二、足球运动员的比赛日的膳食安排

（一）早餐的选择

不要不吃早餐，否则以一个亏空的状态进入新的一天。你将在整天感到懒散，影响你的训练和比赛。早餐将促进你机体的代谢，为你全天的活动提供燃料。下面介绍四个早餐食谱。

（1）1杯橙汁、1杯燕麦、2片薄的烤面包加果冻或果酱、1个鸡蛋、1 根香蕉。

（2）1 杯苹果汁、1 杯牛奶、3 片薄饼加草莓酱、1 个水炒鸡蛋、1 块玉米糕。

（3）1.5 杯葡萄汁、1 个烙饼、2 匙花生酱、1 杯低脂酸奶、1 根香蕉。

（4）1 杯橙汁、1 杯燕麦加酸奶、1 个烙饼、2 个鸡蛋、1 个苹果。

（二）理想的午餐和晚餐的选择

午餐和晚餐的食物选择也同样重要。

理想的食物：土豆、花卷或面包，发面饼，水果沙拉，酸奶，面条，玉米饼，新鲜蔬菜，豆类，瘦火腿等优质肉制品。

不吃或慎吃的食物：豪华汉堡，苹果派，炸鱼，炸鸡，糊状肉汁，黄油，热狗，奶酪，苏打水。

（三）训练和比赛前、中、后的饮食

比赛前点心（比赛前 1～2 小时用）：面包、酸奶、薄饼、布丁、米糕、香蕉、干果、水果、葡萄干、蜂蜜等都是适宜的食品。

比赛前用餐（比赛前 2～4 小时用）：土豆、面包、玉米、面条、米饭、燕麦片、花生酱加果冻三明治等。

（四）比赛前几天的饮食

每次比赛前 2～3 天吃高碳水化合物的食物（谷类、水果蔬菜）；比赛前一天饮水 4～8 杯。

（五）比赛当天早晨

少量的早餐（如一个果酱面包和香蕉），但是至少要在第一次比赛前 2 小时；如果早餐离第一次比赛有 2～4 小时，可以进一个丰盛的早餐；早餐喝 2～3 杯水。

（六）比赛中的饮食

如果有时间，在下一个比赛前 1 小时吃一点点心，能量为 200～300 千卡，最好是能量棒；每场比赛前喝半杯水；中场休息时喝 2～3 大口水；比赛中不要吃从来没有吃过的食物，以免造成胃部不适。

（七）比赛后的饮食

比赛后半小时内尽早补充含糖运动饮料，每半小时 1 次；2 小时后是用餐，即补充碳水化合物、蛋白质和脂肪的最佳时间；如果在赛后 2 小时内希望得到固体食物，可选用低脂肪低肉食品，如火鸡三明治。

三、足球运动员训练期的营养补充方案

（一）补水、补盐、补糖（高能固体饮料）

高能固体饮料以低聚糖为主、添加了适量的无机盐、维生素和氨基酸等，配制成甜度低、口感好、易于吸收的专用运动饮料。其功能是在补水补盐的同时，提高肌糖原储量、补充血糖和促进运动后糖原恢复。因此，它能增强运动的能力和加速运动后的体力恢复。

每天于上、下午训练前 30 分钟服 250 毫升，促进肌糖原的储备。

每天于上、下午训练中每 15～20 分钟补 1 次，每次 40～60 毫升（或中间休息时一次补 250 毫升）保持血糖，延迟疲劳发生。

每天于上、下午训练后即刻服 250 毫升，促进肌糖原的再合成，加速恢复。

为帮助肌肉恢复，缓解肌肉酸痛，可以在训练后饮料中加入 10 克乳清蛋白或多肽。

（二）提高训练中的无氧能力（FDP）

FDP 可以增强运动员的无氧能力，并对肌肉有保护作用。口服的 FDP 可以作为常规使用。运动前 2 小时使用的效果最佳，它使用很方便，价格也便宜。每天服用 2 次，每次 6 粒。当运动员训练的强度很高时，可以间隔 2～3 天静脉滴注一次，肌肉恢复会来得更快。

（三）促恢复（强力恢复冲剂）

强力恢复冲剂的主要成分是葡萄糖、肌酸、牛磺酸、维生素 C、绞股蓝皂苷等。它可提高免疫机能，促合成，抗分解，促糖原再填充，促恢复。一般使用量如下。

训练期：每晚服用 1 份（约 40 克）。

比赛期：每天运动后服用 2～3 份（约 80～120 克）。

比赛后期：每天运动后服用 1 份（约 40 克）。

用温开水或淡果汁冲服。

（四）肌酸

肌酸补充后，可使肌肉得到快速的能量补充，同时还能促进肌肉的合成代谢，增加运动中的速度和肌肉力量。在反复高强度训练或比赛中，其补充尤为重要。

冲击量：每天 4 次，每次 5 克，共用 5～7 天。

维持量：每天 5～15 克。

在服用肌酸时一定要注意两点：补充足够的水；按时补糖。

（五）复合维生素

为了防止膳食中摄入维生素的不足，运动员最好补充一些复合维生素制剂。市面上销售的复合维生素制剂都可以用。"维他保"是按照运动员的需要量设计的，可能更适合于运动员。

（六）抗氧化制剂

为防止运动中产生的过量的自由基对肌细胞和红细胞的损害，运动员最好使用一些抗氧化剂。维生素 C、E 是很好的抗氧化剂。

（七）免疫增强剂

进入赛季前 2～3 周，在经历了大运动量和大强度的体能训练后，运动员往往会出现免疫机能的明显下降。为了增强运动员的免疫能力，最好能够使用一些谷氨酰胺胶囊。冲击量为每天 20 粒，使用 1 周，以后改为维持量，每天 4～8 粒，分 2～3 次在训练后和晚上服用。

参考文献

[1] 朱可. 校园足球教学训练及人才培养研究 [M]. 长春：吉林人民出版社，2022.

[2] 文玉超，蔡正杰，沈寅豪. 高校足球理论教学与实践训练 [M]. 北京：研究出版社，2020.

[3] 黄绍勤. 少儿足球训练手册 [M]. 成都：西南交通大学出版社，2018.

[4] 丁轶建，王宗平. 动商与足球 [M]. 昆明：云南大学出版社，2021.

[5] 王薇，黄德彬，轩志刚. 球类项目教学与运动训练 [M]. 吉林人民出版社，2021.

[6] 汤信明. 足球运动教学与训练 [M]. 武汉：华中科技大学出版社，2012.

[7] 沈国征，时卫东，吴剑. 现代足球教学与训练游戏 [M]. 北京：中国科学技术出版社，2004.

[8] 程昕. 校园足球运动研究 [M]. 成都：电子科技大学出版社，2015.

[9] 岳抑波，谭晓伟. 高校足球运动理论与战术技能研究 [M]. 长春：吉林人民出版社，2019.

[10] 李旭天. 足球技术动作生物力学分析 [M]. 长春：吉林人民出版社，2019.

[11] 周伟华，冯雪林. 灵动足球游戏 [M]. 苏州：苏州大

学出版社，2016.

[12] 金俊. 体育教学方法及教学技能探究［M］. 北京：研究出版社，2020.

[13] 闫强. 高校足球教学与训练创新设计研究［M］. 北京：北京工业大学出版社，2019.

[14] 何文革，高旭东. 专项训练发展分析与理论研究［M］. 石家庄：河北人民出版社，2018.

[15] 于天博，杨旭东，程鹏. 大学生足球运动训练与实战技巧详解［M］. 北京：中国纺织出版社，2018.

[16] 陈恒兴. 高校足球教学设计与训练研究［M］. 长春：吉林大学出版社，2021.

[17] 张丽梅. 体育教育的多维研究与训练［M］. 北京：中国纺织出版社，2019.

[18] 蔡春娣. 高校足球运动教学与系统训练研究［M］. 北京：北京工业大学出版社，2019.

[19] 刘杰. 足球运动教学与训练探索［M］. 北京：现代出版社，2019.

[20] 朱永振. 高校足球教学与科学训练研究［M］. 北京：北京工业大学出版社，2020.

[21] 蔡开疆，郭新斌，宋志强. 体育运动与教学指导［M］. 天津：天津科学技术出版社，2019.

[22] 盛绍增. 球类教学与训练游戏［M］. 北京：北京体育学院出版社，1990.

[23] 冯涛. 足球教学设计与训练实践研究［M］. 长春：吉林大学出版社，2018.

[24] 岳抑波，杨喻程. 高校足球运动的教学设计与训练研究［M］. 北京：北京工业大学出版社，2018.

[25] 文智. 足球教学训练实践［M］. 北京：光明日报出版社，2016.

[26] 韦勇兵，申云霞，汤先军 . 体育教学与运动技能分析 [M] . 长春：吉林人民出版社，2019.

[27] 范运萍 . 高校足球教学与训练探究——评《高校足球教学与科学训练研究》[J] . 中国教育学刊，2023（07）：135.

[28] 曹琦 . 足球教学中常见运动损伤的成因分析及预防策略 [J] . 甘肃教育研究，2023（06）：118－120.

[29] 刘庆旺 . 足球拓展训练在化工类高校体育教学中的实践 [J] . 热固性树脂，2023，38（03）：73.

[30] 刘伟贺 . 认知行为治疗训练干预对高校足球教学中运动损伤的影响 [J] . 体育科技文献通报，2023，31（04）：158－159＋243.

[31] 闫伟华 . "双减"格局下校园足球文化建设意涵、挑战及对策 [J] . 南京体育学院学报，2023，22（03）：53－60.

[32] 熊志锋，王亮 . 组合训练在高校足球训练中的应用探究 [J] . 体育世界，2023（02）：66－68.

[33] 孙健 . 探析高校足球教学中学生心理训练必要性及训练方法 [J] . 体育世界，2023（02）：145－147.

[34] 苏永昌，何茜，冯君阳 . 南宁市桃花源小学校园足球开展现状研究 [J] . 当代体育科技，2023，13（05）：182－186.

[35] 任翔 . 高校足球教学与训练工作的优化创新探讨 [J] . 体育世界，2023（01）：126－128.

[36] 闫静 . 青岛市西海岸新区校园足球"满天星"训练营（小学营）建设的路径研究 [D] . 曲阜师范大学，2022.

[37] 苟伟峰 . 基于校园足球教练员视角下对海口市教练员培训的现实状况分析与优化策略探索 [D] . 首都体育学院，2023.

[38] 高千辉 . 延边大学高水平足球队训练模式的 SWOT 分析与策略研究 [D] . 延边大学，2022.

[39] 张晓敏 . 体教融合背景下西安体育学院足球学院人才培养探究 [D] . 西安体育学院，2022.

[40] 张露航 .《FIFA Online 4》电子竞技游戏对高校足球运

动员战术意识影响的实证研究［D］. 华东师范大学，2022.

　　［41］刘宝登. 体育教育专业学生足球运动技能学习评价指标体系构建［D］. 辽宁师范大学，2023.

　　［42］郭浩洋. 中国足球运动学院本科教练员方向课程改革与实证研究［D］. 北京体育大学，2021.